SECRET PLACES WIEN

Traumhafte Orte
abseits des Trubels

SECRET PLACES WIEN

Traumhafte Orte abseits des Trubels

Hanne Egghardt und Oliver Bolch

BRUCKMANN

INHALT

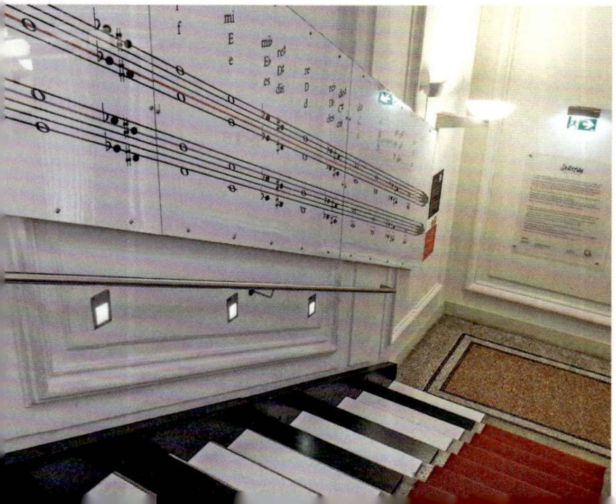

INNERHALB DES GÜRTELS 56

↑ Der Panorama-Blick über die Stadt von der Aurora Rooftop Bar aus gesehen
↓ Wiens Farben und Facetten (von links nach rechts): Klaviertasten als Stufen im Haus der Musik, die bunten Regenschirme im Sünnhof, die russisch-orthodoxe Kirche, die naschenden Falter im Schmetterlinghaus, das Museum der Illusionen

JENSEITS DER DONAU 148

↑ Die Schlumberger Kellerwelt mit ihren Millionen Flaschen prickelnden Sekts
↓ Action- und Ausflugsziele rund um die Hauptstadt (von links nach rechts): Die Vienna Watersports Arena, Europas modernste Wassersportanlage auf der Donauinsel, das Karussell aus der Kaiserzeit im Böhmischen Prater, frisches Biogemüse im Feigenhof, die Hazienda in den Blumengärten Hirschstetten, Fiakerfahrt über den Zentralfriedhof

ÜBERRASCHENDE DETAILS

Wien ist anders. Das war lange Zeit der Werbeslogan der Stadt, er erweist sich aber immer wieder als goldrichtig. Die Stadt an der Donau besitzt Dinge und Eigenschaften wie keine andere Großstadt der Welt: sauberes Wasser, dichte Wälder und riesige Weingärten. Das ist erstaunlich und erfreulich. Kein Wunder, dass Wien um das alles oft beneidet wird.

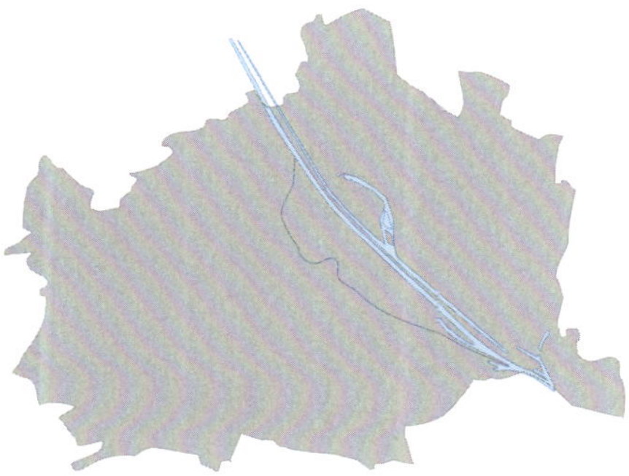

Steckbrief Wien

Wien ist **415 Quadratkilometer** groß und hat einen Umfang von ca. **133 Kilometern**. Im Stadtgebiet leben **1,9 Millionen Menschen**. Nur in Berlin leben noch mehr Menschen, die Deutsch sprechen. Wien ist gleichzeitig die Landeshauptstadt und das kleinste Bundesland Österreichs. In Wien befinden sich die Regierung und das Parlament Österreichs, es ist Sitz zahlreicher internationaler Organisationen wie UNO, OPEC oder OSZE. Gemessen an der Bevölkerungszahl ist Wien die **siebtgrößte Hauptstadt Europas**.

100 Museen

besitzt Wien, das ist spitze. Der Bogen reicht von imperialen Schätzen über Sammlungen von Weltrang und zeitgenössischer Kunst zu Kuriosem wie die Museen für Kaminkehrer, Folter oder Bestattung.

1 Nationalpark

innerhalb der Stadtgrenze, das besitzt auf der Welt außer Wien nur noch Kapstadt. Der »Wasserwald«, wie die Lobau eigentlich heißt, ist ein Augebiet an der Donau im Südosten der Stadt. Lange war es kaiserliches Jagdrevier und öffentlich nicht zugänglich. 1978 wurde es zum Naturschutzgebiet erklärt und ist seit 1996 Teil des Nationalparks Donau-Auen.

1100

Kaffeehäuser gibt es derzeit in Wien, dazu 1000 Espresso-Bars und 200 Café-Konditoreien. Der Ort, an dem Kaffee getrunken wurde, galt lang Literaten, Intellektuellen und Künstlern als zweites Wohnzimmer. Zu wählen war unter 50 Kaffeezubereitungen.

7,9 Millionen Gäste

kamen 2019 nach Wien, die Hotels konnten sich über 17,6 Millionen Nächtigungen freuen. Die meisten Besucher reisten aus Deutschland, Österreich und den USA an. Verstärkt entdecken ihr Faible für Wien Spanier, Italiener und Franzosen.

Gute Luft

»War net Wien, ging net gschwind wieder amal der Wind …« heißt es in einem Gedicht von Josef Weinheber. Tatsächlich bläst durch das Donautal oft der Wind – und das hat seine Vorteile: Während andere Großstädte unter Smog und Feinstaub zu leiden haben, ist die Luft in Wien meist frisch und gut.

Über 1000 Parks

und Grünanlagen mit einer Fläche von 126 Quadratkilometern besitzt Wien. Die Favoriten sind in der Innenstadt der Stadtpark, der Burggarten und der Volksgarten. Was Wien zusätzlich zu den Weinbergen in den Randbezirken und zu den Teilen des Wienerwalds so grün macht, sind die großen Parks wie der Türkenschanzpark, die Grünfläche der Donauinsel oder die barocken Gartenlagen von Belvedere oder Schloss Schönbrunn.

400 Weinbaubetriebe

erwirtschaften auf 700 Hektar Rebfläche rund 20 000 Hektoliter Wein im Jahr. Das Verhältnis von Weißwein zu Rotwein beträgt 80 zu 20 Prozent. Die Wiener Weinspezialität ist der Gemischte Satz. Er besteht aus unterschiedlichen Rebsorten, die schon im Weingarten gemeinsam gedeihen und zusammen gekeltert werden. Ein Großteil des Weins wird beim Heurigen ausgeschenkt, einem der liebsten Aufenthaltsorte des Wieners.

Wiener Wasser

Wien besitzt Trinkwasser erster Güte. Was aus den Wasserhähnen kommt, ist quellfrisches Wasser direkt aus dem Gebirge. Möglich machen das die beiden Hochquellenleitungen, die noch aus der Kaiserzeit stammen. Es sind geniale Bauwerke, die das Wasser von Hochschwab, Rax und Schneeberg über Kanäle, Stollen und Aquädukte nach Wien bringen. Fast scheint es, als würde das Wasser diesen Weg gern gehen, denn es fließt aus eigener Kraft, im natürlichen, freien Gefälle, ohne eine einzige Pumpe auf der gesamten Strecke vom Gebirge bis in die Großstadt.

Seit die Gewässer nicht mehr zufrieren, bevölkert eine ganze Graureiher-Kolonie den Floridsdorfer Wasserpark.

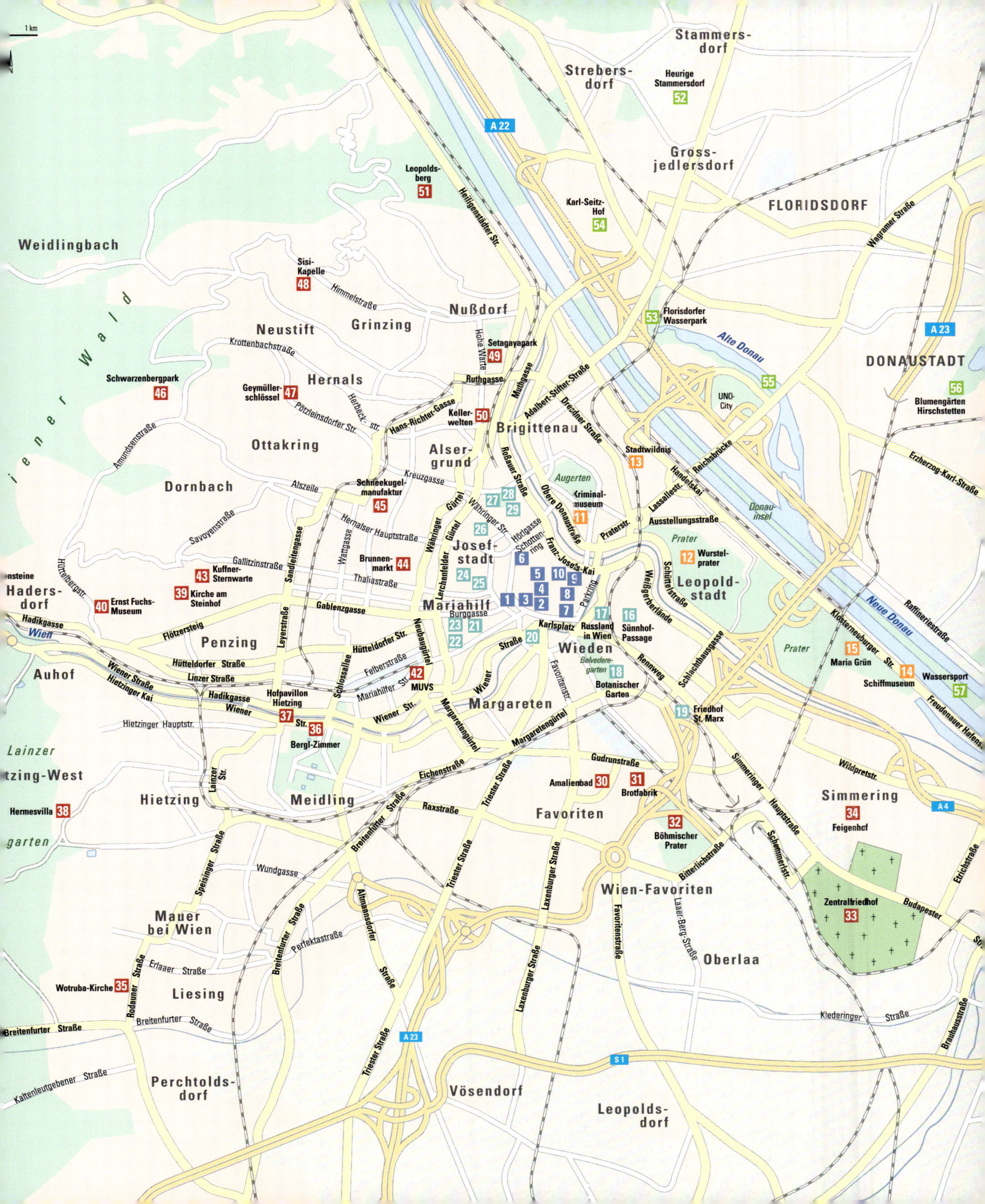

1 km
Stammers-
dorf
Strebers-
dorf
Heurige Stammersdorf
52
A 22
Gross-
jedlersdorf
Leopolds-
berg
51
Heiligenstädter Str.
FLORIDSDORF
Karl-Seitz-
Hof
54
Wagramer Straße
Weidlingbach
Sisi-
Kapelle
48
Himmelstraße
Nußdorf
Grinzing
Neustift
53
Florisdorfer Wasserpark
A 23
Alte Donau
Krottenbachstraße
Hohe Warte
Setagayapark
49
DONAUSTADT
Schwarzenbergpark
46
Geymüller-
schlössel
47
Hernals
Ruthgasse
55
56
Blumengärten Hirschstetten
UNO-
City
Herbeck-str.
Pötzleinsdorfer Str.
Hans-Richter-Gasse
Keller-
welten
50
Muthgasse
Adalbert-Stifter-Straße
Dresdner Straße
Brigittenau
Ottakring
Amundsenstraße
Alser-
grund
Roßauer Straße
Stadtwildnis
13
Reichsbrücke
Erzherzog-Karl-Straße
Augarten
Handelskai
Schneekugel-
manufaktur
45
Kreuzgasse
Dornbach
Alszeile
27
28
29
Obere Donaustraße
Kriminal-
museum
11
Lassallestr.
Donau-
insel
Währinger Str.
Gürtel
Ausstellungsstraße
Praterstr.
Savoyenstraße
Hernalser Hauptstraße
26
Hörlgasse
Schotten-
ring
Franz-Josefs-Kai
Prater
Wattgasse
Währinger
Gürtel
Josef-
stadt
12
Wurstel-
prater
Sandleitengasse
Brunnen-
markt
44
6
Schüttelstraße
Hüttelbergstr.
Gallitzinstraße
Leopold-
stadt
Kuffner-
Sternwarte
43
Lerchenfelder
Thaliastraße
24
25
5
10
9
Raffineriestraße
Haders-
dorf
Ernst Fuchs-
Museum
40
39
Kirche am Steinhof
4
8
Weißgerberlände
Neue Donau
1
3
2
Parking
Gablenzgasse
Mariahilf
7
Burggasse
17
16
Klosterneuburger Str.
Hadikgasse
Wien
Flötzersteig
23
21
Karlsplatz
Russland in Wien
Sünnhof-
Passage
Prater
Penzing
Neubaugürtel
Hütteldorfer Str.
22
Straße
20
Wieden
15
Maria Grün
14
Wassersport
Auhof
Hütteldorfer Straße
Felberstraße
Belvedere-
garten
18
Rennweg
Schlachthausgasse
Schiffmuseum
57
Linzer Straße
Schlossallee
42
Mariahilfer Str.
MUVS
Wiener
Favoritenstr.
Botanischer Garten
Wiener Straße
Hietzinger Kai
Hadikgasse
Wiener
Hofpavillon Hietzing
37
Str.
36
Wiener Str.
Margareten
19
Friedhof St. Marx
Freudenauer Hafenstr.
Hietzinger Hauptstr.
Margaretengürtel
Margaretengürtel
Bergl-Zimmer
Simmeringer
Wildpretstr.
Lainzer
Lainzer Str.
Gudrunstraße
Eichenstraße
Triester Straße
Amalienbad
30
31
Brotfabrik
Hauptstraße
Simmering
34
Feigenhof
A 4
Hermesvilla
38
Hietzing
Meidling
Breitenfurter Straße
Raxstraße
Favoriten
32
Böhmischer Prater
Schemmerlstr.
garten
Speisinger Straße
Wundgasse
Triester Straße
Laxenburger Straße
Bitterlichstraße
Etrichstraße
Wien-Favoriten
Zentralfriedhof
33
Budapester
Mauer
bei Wien
Breitenfurter Straße
Perfektastraße
Altmannsdorfer
Straße
Favoritenstraße
Laaer-Berg-Straße
Oberlaa
Rodauner Straße
Erlaaer Straße
Laxenburger Straße
Wotruba-Kirche
35
Liesing
Kledering Straße
Brauhausstraße
Breitenfurter Straße
Breitenfurter Straße
A 23
S 1
Triester Straße
Kaltenleutgebener Straße
Perchtolds-
dorf
Vösendorf
Leopolds-
dorf

EINE ENTDECKUNGSREISE

WIENS VERBORGENE SCHÄTZE

Sicher, Wien, die Vielvölker-Metropole, die alte Kaiserstadt, das ist eine riesige Schatztruhe. Die imperiale Architektur, die Museen gerammelt voll mit Kunstschätzen, die »Sakralbauten« der Opern- und Konzerthäuser, das alles ist einzigartig. Wien hat aber viel mehr zu bieten. Romantische Plätze, die nur Einheimische kennen zum Beispiel, verborgene Kleinode in engen Seitengässchen oder kleine, witzige Skurrilitäten. Und die gilt es zu entdecken. Möglichst bald!

← Das Kahlenbergerdörfl, der romantische Weinort schmiegt sich zwischen Nussberg und Leopoldsberg.
↙ Ideal für eine Stärkung nach dem Rundgang: das Café & Restaurant im Naturhistorischen Museum
↘ Das Laudon-Grab in Hadersdorf – der Krieger kann seinen Herrn allerdings nicht betrauern, das Grab ist leer.

Wer einmal in Wien war, hat den Stephansdom gesehen, ist über Graben und Kohlmarkt spaziert, hat in der Hofburg das Sisi-Museum und die Schatzkammer bestaunt, diverse Museen besucht, eine Führung im Schloss Schönbrunn mitgemacht und – mit etwas Glück – eine Opernaufführung in der Staatsoper erlebt. Soweit die Standard-Wien-Besichtigungstour im Eiltempo. Beeindruckend und unvergesslich, keine Frage – aber halt doch nur ein kleiner Teil dessen, was Wien tatsächlich ausmacht. Diejenigen, die in der glücklichen Lage sind, über etwas mehr Zeit zu verfügen und sich noch dazu entschließen, auf eigene Faust loszuziehen, entdecken Dinge, an denen der Strom der Touristen achtlos vorüberrauscht. Während sich in der Bäckerstraße vor dem Eingang zu einem berühmten Schnitzellokal lärmende Menschentrauben drängen, genügt es, ein paar Häuser weiter in einen Innenhof zu treten – und schon öffnet sich ein Tor in das stille, dunkle, romantische Wien des Mittelalters, in dem die Zeit stehen geblieben zu sein scheint. Rohdiamanten dieser Art lassen sich mitten im Gewühl der Innenstadt auf Schritt und Tritt aufspüren. In den verwinkelten Gässchen des Griechenviertels, um den Stephansdom und die Ruprechtskirche oder auf der Mölker Bastei. Da erzählen uralte Sgraffiti vom ehemaligen Wohlstand der Bürger und geben Inschriften über Hauseingängen, alte Geschäftsschilder oder halb verblasste Teile von Fresken der Fantasie Auftrieb. Und wenn dann in einem schmalen Gässchen aus dem geöffneten Fenster eines schönen alten Barockhauses noch Walzerklänge herüberwehen, die ein Klavierschüler gerade übt, dann ist das ein kostbarer Glücksmoment: Vienna at its best.

Geheime Orte im wahrsten Sinn

Auch wer sich auf die Spuren berühmter Musiker heftet, stößt unerwartet auf Locations mit Geschichte: Hier ist Mozart Nacht für Nacht ziemlich angesäuselt heimgewankt, eine neue Melodie im Kopf; da hat Beethoven mit seinem »Fidelio« gekämpft, und dort ist Haydn zusammengezuckt, weil seine bigotte Frau seine Notenblätter wieder einmal als Backpapier verwendet hat. Secret Places im wahrsten Sinne des Wortes sind auch die Gotteshäuser verschiedenster Konfessionen, allen voran die griechisch- oder russisch-orthodoxen, in denen das Gold, die vielen Bilder und die geheimnisvollen Rituale eine mystische, weltentrückte Atmosphäre herbeizaubern. Abseits der Touristenpfade warten auch in den Randbezirken unzählige verborgene Schätze darauf, entdeckt zu werden. Die aus riesigen, wie zufällig aufeinandergeschichteten Betonblöcken errichtete Wotruba-Kirche, die weder einen Turm noch Glocken besitzt, ist allerdings kein wirklicher Geheimtipp, sie ist geradezu ein Pilgerort für alle, die sich für moderne Architektur interessieren. Die kleine Sisi-Kapelle im Wienerwald dagegen, das Kirchlein Maria Grün im Prater oder die Türkensteine in Hadersdorf, das sind Orte, an die sich kaum ein Tourist verirrt. Sie zu entdecken, bedeutet, einen abgelegenen, romantischen Ort ganz allein für sich zu haben.

Einfach herrlich: der Blick von der MQ Libelle am Dach des Leopold Museums im MuseumsQuartier

INNERE STADT

Verborgene Schätze im Herzen der stolzen Donaumetropole

1

WIEN VON GANZ OBEN

ÜBER DEN DÄCHERN DER STADT

Vom Dach des Naturhistorischen Museums aus präsentiert sich Wien aus einem ganz besonderen Blickwinkel. Die prachtvollen Bauten der Ringstraße, die Hofburg, der Heldenplatz, das alles ist weit unten und doch zum Greifen nah. In jedem Fall aber atemberaubend schön.

Dass das Naturhistorische Museum ein Museum der Superlative ist, ein prächtiger Palast der Naturwissenschaft, das weiß jeder. Was die meisten aber nicht wissen: dass sich vom Dach des ehrwürdigen Gebäudes Rundumblicke auf die Wiener Innenstadt und ihre spektakulären Bauten eröffnen!

Bevor es hinaufgeht aufs Dach des NHM, gilt es, das ganze Haus bis in die obersten Geschosse zu durchqueren. Schon nach dem Eintritt durch die riesigen Tore und den Windfang wird klar: Hier handelt es sich um kein gewöhnliches Museum. Die Eingangshalle entführt in eine ganz besondere Sphäre, der Eindruck eines geheiligten Raums, einer Kathedrale oder eines Tempels drängt sich auf.

Dieses Gefühl setzt sich im Stiegenhaus fort. Anstelle der Heiligen, die Kirchenräume schmücken, stehen hier die großen Statuen bedeutender Wissenschaftler in den Nischen entlang der umlaufenden Balustrade, darunter Aristoteles, Kepler und Newton. Das riesige Deckengemälde, übrigens kein Fresko, sondern ein auf Leinwand gemaltes Bild, stellt den Kampf ums Dasein dar. Den Platz, den in einer Kathedrale Gottvater eingenommen hätte, hat hier der Philosoph inne. Er hält ein Stundenglas in der Hand, das Symbol der Vergänglichkeit, und er versucht, das Rätsel des Lebens zu lösen. Dafür, dass er keine Antwort finden wird, steht die Sphinx mit dem versiegelten Buch.

Am Treppenabsatz sticht das große Ölgemälde ins Auge, das Kaiser Franz Stephan von Lothringen im Kreis seiner Berater zeigt. Der Gatte Maria Theresias war es, der durch den Ankauf der Naturaliensammlung des Ritters von Baillou den Grundstein für das Naturhistorische Museum legte. Die frühesten Sammlungen des NHM sind somit über 250 Jahre alt. Sie sind im Laufe der Jahre rasant angewachsen. Bis sie im Jahr 1889 in dem von den übrigens heftig zerstrittenen Hofarchitekten Gottfried Semper und Karl Ritter von Hasenauer errichteten Museum ihre ständige Bleibe fanden.

30 Millionen Objekte in einem Haus

Heute werden im NHM 30 Millionen Objekte wissenschaftlich betreut – gezeigt wird davon allerdings nur ein Prozent, alles andere verwahrt man in Speichern. Das macht das Museum an der Ringstraße zu einer gigantischen Schatztruhe mit den größten naturwissenschaftlichen Sammlungen Europas und zu einem der bedeutendsten naturwissenschaftlichen Museen der Welt. Das Zusammen-

← 34 überlebensgroße Statuen bedeutender Wissenschaftler und Denker säumen das Dach des Museums. Gegen Zornausbrüche des Wettergottes schützen sie hohe Blitzableiter.

spiel von Gebäude, Figuren- und Gemäldeschmuck, von Mobiliar und kostbaren Ausstellungsstücken ist weitgehend im Originalzustand erhalten, und das macht das Museum zu einer einzigartigen kulturhistorischen Kostbarkeit. Das NHM beweist aber noch etwas, und zwar, dass sich zeitgenössische Präsentation mittels moderner Ausstellungstechnik auch ohne Zerstörung historischer Strukturen verwirklichen lässt. Das war mit ein Grund dafür, dass es zu einem der zehn besten Museen der Welt gewählt wurde.

Der Weg nach ganz oben führt an den Gängen vorbei, in denen es zu den 39 weiträumigen Schausälen geht, die weltberühmte Exponate präsentieren: die 25 000 Jahre alte Venus von Willendorf, die vor über 200 Jahren ausgestorbene Stellersche Seekuh, riesige Saurierskelette, die größte Meteoritensammlung der Welt und vieles mehr. In einem der oberen Stockwerke führt der Weg durch die Anthropologische Abteilung mit über 60 000 Objekten. Ein Großteil davon wird – schaurig schön – in verglasten Kästen in Form von Schädelknochen aus aller Welt aufbewahrt. Dass es gar so viele sind, wirkt befremdlich. Es hat sich aber als richtig erwiesen, dass von ein und derselben Spezies eine Vielzahl an Exemplaren gehütet wird. Zum einen haben sich die Untersuchungsmöglichkeiten geändert, und zum anderen auch die Fragestellungen – so war die DNA vor hundert Jahren noch kein Thema, um nur ein Beispiel zu nennen.

Durchs Fenster aufs Dach

Der Ausstieg aufs Dach erfolgt im NHM nicht durch eine Tür, sondern durch ein großes Fenster. Da heißt es sich bücken, zu Boden schauen und auf die Stufen achten. Um dann, im Freien, ein bisschen geblendet vom grellen Licht und umweht von einem kräftigen Lüftchen, gebannt innezuhalten: Auf der Balustrade stehen Gruppen bedeutender Wissenschaftler, 34 über drei Meter hohe Statuen, alle mit Blitzableiter und Sicht über die Stadt. Im Rücken der Figuren führt der Weg das Dach entlang. Jeder Schritt eröffnet neue Blickwinkel. Es beginnt mit dem Kunsthistorischen Museum gegenüber, dem Maria-Theresien-Platz, der Neuen Hofburg und dem Heldenplatz bis hin zu Volksgarten und Burgtheater. Ein Panorama, das überragt und geradezu bewacht wird vom Steffl, dem Stephansdom.

Von der nächsten Dach-Ecke aus ist dann das Parlament zu sehen, und dahinter, erstaunlicherweise noch größer und mächtiger als das »Hohe Haus«, in dem immerhin die Anliegen der gesamten österreichisch-ungarischen Monarchie debattiert wurden, das neugotische Wiener Rathaus. Spätestens hier wird klar: auf das zu Füßen liegende Häusermeer der Stadt zu schauen, ist ein fantastisches Erlebnis. Einfach unvergesslich!

↗ Die Prunktreppe führt zu dem Ölgemälde, das Kaiser Franz Stephan von Lothringen mit seinen Beratern zeigt.
↖ Der Darwin-Fries: Der Affe hält dem Knaben einen Spiegel vor, dieser will ihn aber nicht sehen.
← Das Dach des NHM eröffnet auch auf das Burgtheater einen ganz besonderen Blickwinkel.

INFO

IMBISS IN DER KUPPELHALLE

Müde vom vielen Gehen und Schauen im Museum? In der Kuppelhalle des NHM, an einem Ort wie er spektakulärer nicht sein könnte, lädt das moderne Café-Restaurant zur stärkenden Pause. Zu Kaffee und Mehlspeisen, traditioneller À-la-carte-Küche, Tagesteller oder einfach nur auf einen Snack. Jeden Mittwoch ab 19 Uhr steht das Muschel-Dinner mit einem reichen Fisch-und Meeresfrüchte-Buffet auf dem Programm – dafür ist allerdings eine Reservierung nötig (auch in Verbindung mit einer Dach-Führung). Im Frühling gibt es Spargelgerichte. Das außergewöhnliche Lokal kann auch für Feierr oder spezielle Events gebucht werden.

WEITERE INFORMATIONEN

Wer noch immer nicht genug vom Blick aus der Vogelperspektive auf das Häusermeer von Wien hat, findet im neuen MQ Libelle am Dach des Leopold Museums im MuseumsQuartier Gelegenheit dazu. Zur »schönsten Kulturterrasse Wiens« führen zwei gläserne Außenlifte an der Ostseite des Leopold Museums. Der Zugang ist frei. Allerdings leider nicht für Vierbeiner.
nhm-wien.ac.at
leopoldmuseum.org

Für kulinarische Genüsse sorgt auf der luftigen Terrasse der Kiosk MQ Libelle samt Gastgarten.

2

DAS SCHMETTERLINGHAUS

VON ZARTEN SCHÖNHEITEN

Das Palmenhaus im Burggarten allein ist schon eine Sensation, das Schmetterlinghaus darin ist es aber erst recht. Da flattern im feuchten Klima eines Miniatur-Regenwalds hunderte bunte Schmetterlinge durch die Luft, große und kleine, grellbunte und dezent graue. Jeder für sich eine exotische Schönheit!

Wer sich dem Palmenhaus beim Spaziergang durch den Burggarten nähert, bemerkt schon aus größerer Entfernung merkwürdige Bewegungen: Hinter dunstbeschlagenen Scheiben huschen kleine Wesen zwischen grünem Blattwerk umher, einige flattern, andere wirken, als schaukelten sie sanft durch die Luft. Das Rätsel ist bald gelöst: In diesem Teil des Palmenhauses befindet sich das Schmetterlinghaus. Ein tropenwarmes Reich zartester, exotischer Schönheiten!

Das Palmenhaus selbst ist einen Besuch wert. Entstanden in den Jahren 1902 bis 1906 an der Stelle eines Gewächshauses, das ursprünglich zur alten Wiener Stadtmauer gehörte, geriet es zu einem der schönsten Jugendstilglashäuser der Welt. Zu schätzen wussten das die Wiener lange nicht, es diente zwar eine Weile als Ausstellungsort einer Vereinigung bildender Künstler, stand dann aber lange Zeit leer, verfiel und musste gesperrt werden. Erst Ende der 1990er-Jahre wurde es mit großem finanziellen Aufwand restauriert. Jetzt ist in einem Teil ein Gewächshaus untergebracht, ein anderer Teil wird gastronomisch genutzt und in einen weiteren hielten die Schmetterlinge Einzug.

Damit sich die flatterhaften Schönheiten auch wohlfühlen, wurde ein Miniatur-Regenwald geschaffen, mit 26° Wärme, 80 % Luftfeuchtigkeit, jeder Menge tropischer Gewächse, einem Wasserfall, kleinen Teichen und Brücken. Eine malerische Kulisse also, in der sich zurzeit rund 350 Falter 15 verschiedener Arten tummeln. Unter ihnen der fantastisch gemusterte Atlasfalter, dessen Flügelspannweite bis zu 30 Zentimeter erreichen kann, der blitzblaue Morpho-Falter, der Klick-Falter, der ein deutliches Klick-Geräusch macht, wenn er sein Revier verteidigt, der grellorange Fackel-Falter oder die »Eule« mit ihren großen, dunklen Augen auf den Flügeln, die bis zu 15 Zentimeter groß werden kann.

Honig für die Süßen

Damit die Schmetterlinge auch gut verpflegt sind, wurden blühende Pflanzen ausgesucht, die viel Nektar produzieren. Die »Eule« wird außerdem mit ihrer Lieblingsspeise verwöhnt, sie nascht gerne an überreifen Bananen. Viele andere werden mit einem kleinen Trick gelockt: Auf Stoffblumen wird verdünnter Honig aufgesprüht, so bleiben sie lange still sitzen, saugen den Honig auf und lassen sich dabei von Besuchern fotografieren. Wissenswertes über die prachtvollen Insekten vermitteln Schautafeln. Der »Puppenkasten« gibt zudem Einblicke in den Vorgang des Schlüpfens.

← Die flatterhaften Schönen werden verwöhnt: Sie bekommen verdünnten Honig auf bunten Stoffblüten.
↓ Stilvoller Rahmen: Die Hofburgkapelle wurde im Laufe der Jahrhunderte immer wieder dem Zeitgeschmack angepasst.

INFO

HIMMLISCHE KLÄNGE

Die im Herzen der Hofburg gelegene, durch das Schweizertor oder vom Josefsplatz aus erreichbare Hofburgkapelle war die Hauskapelle der Habsburger. Für besondere Musikerlebnisse sorgt das Ensemble, das sich aus den Wiener Sängerknaben, Teilen der Wiener Philharmoniker und des Herrenchors der Wiener Staatsoper sowie der aus ehemaligen Sängerknaben bestehenden Choralschola zusammensetzt. Die Hofmusikkapelle sorgt von September bis Juni während der Sonntagsmesse mit Beginn um 9.15 Uhr für himmlische Klänge.

WEITERE INFORMATIONEN

schmetterlinghaus.at
hofmusikkapelle.gv.at

3

PAPYRUSMUSEUM

DER ZAUBER DES ALTEN ÄGYPTENS

Es ist einzigartig, vielleicht das großartigste der Welt und doch ein Geheimtipp: das Papyrusmuseum in der Neuen Burg. Es entführt in den altägyptischen Alltag und gewährt mit erstaunlich aktuell scheinenden und geheimnisvollen Schriften Einblick in unterschiedlichste Lebenswelten – von Totenkulten bis zu Essgewohnheiten.

Der halbbogenförmige Trakt der Neuen Burg, den Kaiser Franz Joseph ab 1881 errichten ließ, beherbergt so viele spektakuläre Museen, dass allein für sie ein ganzer Urlaub nötig wäre. Da ist das Ephesos-Museum mit dem berühmten Partherfries, dann die Sammlung alter Musikinstrumente, die Hofjagd- und Rüstkammer, das Weltmuseum, das 2018 zum 100. Jahrestag der Ausrufung der demokratischen Republik Österreich eröffnete Haus der Geschichte – und, fast ein wenig versteckt im Untergeschoss, das Papyrusmuseum. Gerade dieses kleine, aber feine Museum verdient besondere Beachtung.

Alles begann 1884 mit der Orientreise von Erzherzog Rainer. Er erwarb in Kairo einen Berg Papyri, der als »1. Fayumer Fund« großteils aus den ausgegrabenen Abfallhaufen einer antiken Stadt auf den Antiquitätenmarkt gelangt war. Zurück in Wien, schenkte er alles seinem Onkel, Kaiser Franz Joseph. Dieser wusste damit vermutlich genauso wenig anzufangen wie der Neffe, er übergab es aber großzügig der K. K. Hofbibliothek, der heutigen Nationalbibliothek. Heute umfasst die Sammlung 180 000 Papyri, Zeitdokumente, wie sie von 1500 vor bis 1500 nach Christus im Land der Pharaonen gebräuchlich waren. Verfasst wurden die Schriftstücke, bis zu deren vollständigen Entschlüsselung noch Generationen von Wissenschaftlern beschäftigt sein werden, in den unterschiedlichsten Sprachen und Schriften. Der Bogen reicht von Hieroglyphen über Hieratisch, Demotisch, Koptisch, Griechisch, Latein, Hebräisch, Aramäisch bis zu Arabisch.

Auch die Inhalte sind höchst unterschiedlich. Da gibt es Verträge, Handelsabkommen und Darlehensvereinbarungen. Ganz besondere Objekte sind die Anrufung der Artemisia an das Göttergericht aus dem 4. Jahrhundert v. Chr., in dem eine Mutter Sühne für erlittenes Unrecht fordert, oder, als ältestes Objekt, das 3400 Jahre alte Totenbuch des Sesostris.

Zu hören: antiker Chorgesang

So verstaubt all das klingt, das Museum ist es ganz und gar nicht. Vor Kurzem rundum erneuert, stellt es neben der Papyrussammlung 400 Objekte aus. In die alten Mauern sind Audioguides und Digitalisierung eingezogen, es gibt großflächige Wandillustrationen und ein neues Lichtkonzept. Eine Vorstellung von antikem Chorgesang gibt das mit moderner Technik vertonte Fragment eines Chorliedes der Euripides-Tragödie »Orestes«. Die Schätze des Papyrusmuseums wurden 2001 in das Memory of the World-Register der UNESCO eingetragen.

INFO

LEGENDÄRER BALKON

Der Eingang in den Trakt der Neuen Hofburg mit dem Papyrusmuseum liegt am Heldenplatz. Hier haben sich schon »Türkenbezwinger« und Kämpfer gegen Napoleon bejubeln lassen. Auch der Balkon über dem Haupteingang der Neuen Burg schrieb Geschichte. Am 15. März 1938 verkündete Adolf Hitler von dort aus den »Anschluss« an das Deutsche Reich. Frenetische Begeisterung schlug ihm entgegen. Über die Zahl der Jubelnden wurde später viel diskutiert, viele sagen, es könnte eine Million Menschen gewesen sein – später wollte niemand dabei gewesen sein.

WEITERE INFORMATIONEN

onb.ac.at
stadt-wien.at

← In den technisch modernisierten Räumen entführen 400 Objekte in die Antike.
↑ Der Balkon über dem Haupteingang zur »Neuen Burg« ist legendär.

4

DIE STALLBURG

NOBLES LOGIS DER HERREN LIPIZZANER

Wenn morgens zwischen der Hofburg und der Stallburg Hufe klappern, dann bedeutet das, dass die Herren Lipizzaner zur Morgenarbeit in der Hofreitschule schreiten, die sie vor Publikum absolvieren. Zu sehen sind die berühmten Pferde aber auch dort, wo sie wohnen, in der Stallburg.

Vollendeter Körperbau, Intelligenz und kraftvolle Grazie, das sind die wichtigsten Eigenschaften der Lipizzaner. Allerdings gilt auch für sie: Kein Meister fällt vom Himmel! Hinter der Perfektion steckt harte Arbeit. Und zwar Tag für Tag. Einen Teil dieser Arbeit können Besucher vormittags in der Hofreitschule beobachten. »Privat« sind die Lipizzaner in der Stallburg zu sehen. Entweder mit etwas Glück von der Reitschulgasse aus bei einem Blick in den Arkadenhof oder im Rahmen von Führungen.

In der Stallburg, hinter den Kulissen, findet das Privatleben der Hengste statt. Dort werden sie gestriegelt, gebürstet und gepflegt und bekommen ihre Mahlzeiten serviert. Ihr Speisezettel hat keine große kulinarische Bandbreite. In der Früh gibt es Kraftfutter, Hafer oder Gerste, am späten Vormittag Heu, zu Mittag wieder Kraftfutter, am Nachmittag abermals Heu und am Abend noch einmal Kraftfutter. Beim Wasser gilt Selbstbedienung an den automatischen Tränken. Dass die Hengste bei dieser bescheidenen Kost immer Appetit auf Süßes haben, versteht sich von selbst.

Männliche Dominanz

In den Stallungen herrscht Ordnung. Jeder der 75 Hengste hat seine eigene Ausrüstung, und die hat ihren eigenen, durch ein Namensschild gekennzeichneten Platz. Dass es nur Plaketten mit Namen von Hengsten gibt, ist kein Zufall: Hier ist alles männlich dominiert. Stuten und Fohlen müssen im Gestüt Piber bleiben. Schließlich könnten die Stuten für Unruhe sorgen, wenn sie »rossig« sind.

Im Bereich der Hofburg waren schon vor 400 Jahren edle Pferde unterwegs, denn in der Renaissance erlebte die Hohe Schule der Reiterei eine Wiedergeburt, auch in Wien. 1572 wurde am Josefsplatz ein »Spainischer Reithsall« errichtet. Nicht elegant, aber praktisch, ein Ort für Rossballette und Karussells. Das hölzerne Provisorium hielt sich über 100 Jahre, bis Kaiser Leopold I. 1683 eine neue Reitschule in Auftrag gab. Als nur noch die Dachziegel fehlten, kamen die Türken, belagerten die Stadt und fügten auch der Reithalle schwere Schäden zu. Mit dem Neubau begann erst Kaiser Karl VI. Er präsentierte das Gebäude in seiner heutigen Form stolz 1735. Maria Theresia war die Erste, die in der neuen prachtvollen Winterreitschule Ritter-Spiele und Karussells abhielt, neben prunkvollen Hofbällen. Auch später gab es außer den exklusiven Vorführungen der Lipizzaner Spektakuläres wie Großkonzerte – Beethoven dirigierte einmal sogar 700 Musiker – und noble Redouten.

INFO

DER MICHAELER DURCHGANG

Hier das geschäftige Treiben zwischen Kohlmarkt und Hofburg und dort plötzlich Ruhe, Stille und eine Atmosphäre wie vor hunderten von Jahren: Der Michaeler Durchgang, die Verbindung vom Michaelerplatz zur Habsburgergasse, ist ein besonders romantisches Stück Alt-Wien. Neben einigen hübschen kleinen Läden können kunsthistorisch Interessierte dort auch zwei hochinteressante Werke aus der Gotik bestaunen: ein in kräftigen Farben gehaltenes Kalksteinrelief der Ölbergszene aus dem Jahr 1494 und im Seiteneingang der Michaelerkirche einen überlebensgroßen Schmerzensmann.

WEITERE INFORMATIONEN

srs.at

↖ In den Stallungen herrscht Ordnung. Jeder Lipizzaner hat seine eigene Ausrüstung, und die hat ihren eigenen, durch ein Namensschild gekennzeichneten Platz.
↑ Einfach reizend: der Michaeler Durchgang

5

MUSEUM DER ILLUSIONEN

AUSFLUG INS UNMÖGLICHE

Die Welt steht kopf, und wenn schon nicht die ganze Welt, dann zumindest ein Teil von ihr. Und wenn sie schon nicht kopfsteht, dann ist sie plötzlich riesengroß oder winzig klein: Das Museum der Illusionen steckt voller Irritation. Höchst erstaunlich – und schwindelerregend schön.

Wien besitzt rund 200 Museen. Da gibt es hochgepriesene Paläste elitärer Kunst, Wunderkammern der Wissenschaften und skurrile Sammlungen außergewöhnlicher Objekte. Ja, und dann ist da noch das Museum der Illusionen. Ein Ort für die ganze Familie, der ins Reich der optischen Täuschung entführt, den Sehsinn herausfordert und das Hirn irritiert. Wie fühlt es sich an, in einem schrägen Raum der Schwerkraft zu trotzen? Was tun, wenn sich zeigt, dass der Begleiter plötzlich schrumpft oder wächst, oder wenn der Kopf eines anderen Besuchers wie selbstverständlich auf einem Tablett serviert wird? Das Museum der Illusionen gibt keine Antworten auf diese Fragen, es lädt einfach dazu ein, das Unmögliche zu erleben und sich in Staunen versetzen zu lassen.

Verblüffende Selbsttäuschungen

Freilich, für schwache Nerven ist das alles nichts. Wer Lust auf neue Erfahrungen hat, sollte auch einen robusten Magen mitbringen. Der ist schon allein im »Vortex-Tunnel« nötig, denn dort wird es Besuchern schwer gemacht, sich durch den rotierenden Zylinder fortzubewegen – und das, obwohl sie auf einer stabilen und geraden Oberfläche stehen!

Standfestigkeit verlangt auch der »Schiefe Raum«. Er verpasst den Gästen eine regelrechte Gehirnwäsche, indem er alles über den Haufen wirft, was sie bisher über die Gesetze der Gravitation zu wissen meinten. Wer auch immer auf einer flachen oder schrägen Fläche steht, erlebt, dass Augen und Gehirn unbewusste Schlussfolgerungen ziehen. Niemand kann glauben, was er sieht, bis er es selbst erlebt.

Im Museum der Illusionen sorgen zum Teil interaktive Installationen und Ausstellungsstücke für neue Dimensionen der Wahrnehmung, darunter der Unendlichkeitsspiegel und der Wahrheitsspiegel oder Rubins Vase. Einen Schwerpunkt bilden Hologramme, jene erstaunlichen Bilder, die 3D-Illusionen erschaffen. In vereinfachter Form sind sie im Alltag präsent, auf Geldscheinen und Kreditkarten. Im Museum aber ist nichts vereinfacht. Im Gegenteil, hier lässt sich beim Betrachten außergewöhnlicher Hologramme die Weiterentwicklung der 3D-Technik beobachten. Alles bestens dazu angetan, zu verwirren und Irritation zu schaffen. Aber keine Angst, hier gilt es, einfach in die Illusionen hineinzuspringen. Das große Staunen ist Programm! Und das Staunen beginnt meist schon vor dem Eingang. Um eine eventuelle Wartezeit vor dem Eingang zu verkürzen, sorgen Zauberkünstler für Ablenkung.

← Kaum zu glauben, aber im »Verkehrten Raum« können die Besucher sogar der Schwerkraft ein Schnippchen schlagen.
↓ Von Alpenrose über Bergamotte reicht die Duftpalette.

INFO

WIENER SEIFE
Immer der Nase nach: Beim Hochhaus Herrengasse, dem 1932 erbauten ersten Wolkenkratzer Wiens, weisen verführerische Düfte den Weg in ein kleines, feines Geschäft: Bei »Wiener Seife« sind jene kaltgerührten Seifen auf Kokosölbasis zu haben, die Sonja Baldauf seit 2006 im 3. Bezirk nach überlieferter Rezeptur in liebevoller Handarbeit produziert. Durch das aufwändige Herstellungsverfahren bleiben die wertvollen Inhaltsstoffe erhalten und pflegen die Haut mit üppigem, cremigem Schaum. Die wunderbar duftenden Seifen gibt es in 70 Sorten.

WEITERE INFORMATIONEN
museumderillusionen.at
wienerseife.at

6

MÖLKER BASTEI

FENSTER IN VERGESSENE ZEITEN

Die mächtigen Bastionen, die Wien lange Schutz vor Feinden boten, sind bis auf wenige Ausnahmen verschwunden. Wie stark diese Stadtbefestigungen einst waren, lässt aber die Mölker Bastei erahnen. Dort entführt ein Spaziergang in die Vergangenheit und zu Ludwig van Beethoven.

Auf der Ringstraße pulsiert der Verkehr, der Ringstraßenbau der Universität schaut herüber, und auf dem Denkmal für Johann Liebenberg, Bürgermeister während der Zweiten Türkenbelagerung 1683, triumphiert die vergoldete Figur der Siegesgöttin Viktoria auf ihrem neun Meter hohen Obelisken. In ihrem Rücken erhebt sich die Mölker Bastei – oder besser gesagt die Rampe, die man errichtete, nachdem die Bastion im Zuge der Schleifung der Stadtmauern und des Ringstraßenbaus abgetragen wurde. Allein die Rampe vermittelt heute noch den Eindruck, wie stark die Fortifikationen Wiens einst gewesen sein müssen. Neben dem 2018 errichteten Trümmerfrauen-Denkmal führen mit Handläufen gesicherte Fußsteige die Rampe hoch – in einem Eckchen Wiens, in dem die Zeit still zu stehen scheint.

Oben angekommen, ist der dominierende Bau das große, um die Wende zum 19. Jahrhundert errichtete Pasqualati-Haus. In diesem Zinshaus wohnte zwischen 1804 und 1815 immer wieder Ludwig van Beethoven. Es muss ihm gut gefallen haben, denn der sonst eher unstete Komponist, der in seinem Leben 67 Mal die Wohnung wechselte, blieb mehrere Jahre. Die heute als Gedenkstätte mit vielen persönlichen Gegenständen und Musik-Hörstationen geöffnete Wohnung im vierten Stock mit schöner Aussicht auf die Vorstadt bis hin zu den Hängen des Wienerwalds wird ihn inspiriert haben. Beethoven arbeitete in diesen Räumen an seiner Oper »Fidelio« und an berühmten Klavierstücken wie »Für Elise«.

Drei Mädels für Schubert

Gänzlich romantisch wird es ein kleines Stück weiter. Da führt der kopfsteingepflasterte Mölker Steig vorbei an historischen Häusern zum Dreimäderlhaus. Um dieses reizende, von der wohlhabenden Bürgerfamilie Fröhlich bewohnte Biedermeierhaus rankt sich die Legende, dass Franz Schubert die drei Töchter Hannerl, Kati und Nanette verehrt haben soll. Erwiesen ist die Romanze zwar nicht, sie ist aber zumindest schön erfunden – und wurde bereits mehrmals verfilmt.

Vom Dreimäderlhaus führt das enge Gässchen des Mölker Steigs hinein in eine Schlucht zwischen hohen historischen Häusern. Es gibt hier keinen Autoverkehr und keinen Lärm. Zu hören sind nur die auf dem buckligen Pflaster hallenden Schritte – genau so muss es auch schon vor vielen, vielen Jahren gewesen sein.

INFO

SCHÖNE SCHUHE

Das Dreimäderlhaus ist nicht nur ein Ziel für Nostalgiker, sondern auch für passionierte Schuhkäuferinnen und -käufer. Das reizende Gebäude beherbergt den Flagship-Store der Ludwig Reiter Schuhmanufaktur. Das 1885 in Wien gegründete Unternehmen betreibt heute in vierter Generation als Familienbetrieb 13 eigene Geschäftslokale im In- und Ausland. Die Tradition beruht auf der Erzeugung eleganter, rahmengenähter Damen- und Herren-Schuhe im klassischen Wiener Stil. Die Qualität hat zwar ihren Preis, dafür ist aber die Wahrscheinlichkeit groß, dass diese Schuhe ein Leben lang halten.

WEITERE INFORMATIONEN

ludwig-reiter.com

← Ein Gässchen mit großer Vergangenheit: Um diese Ecke ist Ludwig van Beethoven sicher oftmals zum Eingang seines Wohnhauses eingebogen.
↑ Verführerisch: der Flagship-Store von Ludwig Reiter

7

HAUS DER MUSIK

SEIT JAHRHUNDERTEN TONANGEBEND

Es heißt, in Wien werden die Türen mit Notenschlüsseln aufgesperrt. Das ist zwar ein Scherz, er hat aber einen realen Hintergrund. In keiner anderen Stadt der Welt haben so viele Musiker gelebt und gewirkt wie in Wien. Musik zum Hören, Sehen und Fühlen, das ermöglicht das Haus der Musik in der Seilerstätte.

Klänge werden zu Bildern, Töne zu Linien. Was sich wie Zukunftsmusik anhört, ist im Haus der Musik Wirklichkeit. Das Haus Seilerstätte 30 ist eine musikalische Wundertüte, ein riesiger Themenpark, in dem Besucher interaktiv und spielerisch alles über Musik und Klang erfahren.

Neue Wege ist man in der Seilerstätte 30 schon immer gegangen. Im 16. Jahrhundert diente das Gebäude als kaiserliches Gießhaus, dann als Versatzamt und schließlich, aufwändig umgestaltet, als Stadtpalais von Erzherzog Carl, dem späteren Sieger über Napoleon. 1816 erstrahlte in seinen Mauern der erste Weihnachtsbaum von Wien, und 1842 wohnte hier der Komponist Otto Nicolai, Begründer der Wiener Philharmoniker. Seit der Jahrtausendwende präsentiert sich das Haus als hochinteressanter Themenpark. Ausgangspunkt für das große Klang-Erlebnis ist der glasüberdachte Innenhof mit Cafeteria und Kassa. Hier erinnern die »tanzenden Vasen« an die wichtige Rolle, die Musik in allen Kulturen spielt. Auch die Treppe, die vom Erdgeschoss in den ersten Stock führt, ist originell: Die Stufen sind zur Hälfte als schwarz-weiße Klaviertasten gestaltet, auf denen Besucher mit Händen und Füßen spielen können – sogar das Hinsetzen ist erlaubt.

Komponieren leicht gemacht

Die erste Etage gehört Otto Nicolai und den Wiener Philharmonikern. In dem einst als Tanzsaal genutzten Raum stehen vier Spieltische mit virtuellen Würfeln. Wer sie mit einer Handbewegung in Schwung bringt, wird mit Walzertakten belohnt – so einfach ist es, seinen eigenen Walzer zu komponieren. Ein paar Stiegen hinauf, und der Besucher befindet sich in der futuristischen Welt der Klänge und der Klangkunst, in der »Sonosphere«. Hier lässt sich mit Klängen und Musik experimentieren, im »pränatalen Sinnesrauschen«, im »Polyphonium«, im »Stimmenmeer« oder in der »Klanggalerie«, einem Sammelbecken für unterschiedlichste Klänge.

In der dritten Etage erstreckt sich die History-Abteilung. Sie ist ausgewählten Komponisten gewidmet. Hier befindet sich auch der virtuelle Dirigent, eines der Highlights des Hauses, in dem jeder Besucher die Philharmoniker dirigieren darf. Sie gehorchen zwar, kommentieren aber auch. Entweder mit Applaus – oder mit ruppigen Äußerungen wie »Kennen Sie das Stück überhaupt?« Die »virto | stage« schließlich in der vierten Etage ist eine virtuelle Bühne, auf der Besucher selbst zu Regisseuren diverser Stücke werden.

← Die Welt der Klänge spielerisch zu entdecken, ist auch für Kinder ein Riesenspaß.
↓ Mit etwas Glück lassen sich beim Doblinger noch echte Glückstreffer landen.

INFO

DAS MUSIKHAUS DOBLINGER
Eine echte Fundgrube für Noten-Fahnder ist das Musikhaus Doblinger in der Dorotheergasse in unmittelbarer Nachbarschaft zum Kultcafé Hawelka. Vor über 200 Jahren als Musikalien-Leihanstalt gegründet, entwickelte sich »der Doblinger« bald zu einem Antiquariat und Musikverlag und wurde weit über die Grenzen der Musikstadt Wien hinaus zur ersten Adresse im Notenfachhandel. In das Geschäft mit klassisch-modernem Ambiente, das auch den Wechsel ins digitale Zeitalter gut geschafft hat, pilgern Musikliebhaber aus der ganzen Welt.

WEITERE INFORMATIONEN
hausdermusik.com
doblinger.at

8

KLEINE GASSEN

GESCHICHTE AUF SCHRITT UND TRITT

Die kleinen Gassen der Wiener Innenstadt sind nicht mit Steinen gepflastert, sondern mit Geschichte, heißt es. Ein Spaziergang durch die Sträßchen im Umkreis des Stephansdoms beweist die Wahrheit dieses Spruchs.

Vom Deutschordenshaus mit seinem zauberhaften Innenhof in die Singerstraße, dann in die Blutgasse und die Domgasse, das ist der Weg direkt ins romantische Herz der Stadt. Eng ist es hier, dunkel und so unverändert, dass jeden Moment Mozart um die Ecke biegen könnte, »Figaro hier, Figaro dort« pfeifend vielleicht, leicht beschwipst auf dem Heimweg ins Figarohaus. Oder später in die Rauhensteingasse, wo in der Nummer 3 die Freimaurer tagen und wo auf Nummer 6–8 im 7. Stock des Kaufhauses Steffl eine Büste an den Ort erinnert, an dem Mozart starb.

Die Gefahr, im Labyrinth der Kopfsteinpflastergässchen verloren zu gehen, besteht nicht. Irgendwie führt alles immer wieder zurück zum Stephansplatz. Dann heißt es eben, in die andere Richtung weiterzugehen. Durch die Durchgänge des Erzbischöflichen Palais zur Wollzeile und durch die Passage mit dem merkwürdigen Namen Schmeckender-Wurm-Hof. Wie aus einem historischen Altbau ein ökologisches Vorzeige-Projekt werden kann, zeigt die parallel dazu verlaufende Passage. Hier sorgt die Bepflanzung auf Rankseilen für angenehme Kühle im Sommer – das kommt auch dem Designerlokal Labstelle zugute. In der Bäckerstraße gilt es, einen Blick in den Innenhof von Haus Nummer 7 zu werfen und dann die Fassade der Nummer 12 zu betrachten, auf der eine Kuh mit Brille Backgammon spielt. Weiter geht es zur Akademie der Wissenschaften und zur strengen Jesuitenkirche. Danach in die Sonnenfelsgasse mit der Alten Universität und in die Schönlaterngasse mit dem Basiliskenhaus – alles historische Gassen, in denen man auf den Spuren berühmter Persönlichkeiten wandelt. Mozart und Haydn, Beethoven und die Schumanns, Leibniz und Kepler, sie alle waren irgendwann einmal hier.

Stille Gassen, wilde Gäste

Gut möglich, dass sie auch die Ruhe des Heiligenkreuzerhofs geschätzt haben. Das um einen weiten Hof gebaute, von der Schönlaterngasse aus erreichbare Ensemble ist von zeitloser Pracht. Von hier sind es nur ein paar Schritte zum Fleischmarkt. Ihn haben vor allem die Griechen geprägt. Auch jenseits der belebten Rotenturmstraße entführen enge Gässchen in ferne Jahrhunderte. Die Seitenstettengasse mit dem jüdischen Tempel, der Rabensteig, die Judengasse bis hin zur Ruprechtskirche, das alles ist historischer Boden. Auch wenn das Viertel nachts zu höchst gegenwärtigem Leben erwacht: Hier befindet sich seit den 1980er-Jahren das Bermudadreieck, in dem so mancher Besucher gleich für mehrere Nächte verschollen geht.

INFO

DAS FIGAROHAUS

In dem unweit vom Stephansdom in der Domgasse gelegenen Camesinahaus hat Wolfgang Amadeus Mozart von 1784 bis 1787 gelebt und gearbeitet. In diesem Haus entstanden wichtige Werke wie »Figaros Hochzeit«, daher wird das Haus auch Figarohaus oder Mozarthaus genannt. Die Wohnung im ersten Stock gilt als die einzig erhaltene des Musikgenies, sie besteht aus vier Zimmern, zwei Kabinetten und einer Küche. Originale Einrichtungsgegenstände sind zwar nicht erhalten, Besucher bekommen aber in den Wohnräumen und in weiteren zwei Etagen Informationen zu Mozart und seiner Zeit.

WEITERE INFORMATIONEN

mozarthausvienna.at

↖ Die Schönlaterngasse, eine der schönsten und ältesten Gassen im Herzen der Altstadt
↑ Nie lebte Mozart feiner als im Figarohaus – vielleicht sogar mit einer Uhr wie dieser.

9

DAS GRIECHENVIERTEL

KLEIN-BYZANZ IN WIEN

Im Mittelalter tummelten sich am Fleischmarkt levantinische Holzhändler, griechische Teppichhändler und »Kümmeltürken« in Pluderhosen und Fes. An die Zeit, als diese Gasse noch ein kleines, buntes Stück Orient in Wien war, erinnert heute die griechisch-orthodoxe Kirche mit ihrer byzantinisch anmutenden Fassade.

Die reich verzierte Fassade aus rot und gelb geschichteten Rohziegeln, die Rundbögen der Doppelfenster, die Ornamente der Gesimse, die achtseitige Kuppel: All das macht die griechisch-orthodoxe Kirche zu einem Bau, der sofort ins Auge fällt. Dabei ist die Fassade erst der Anfang. Wer durch das Tor eintritt, landet zunächst in einem prunkvollen Vestibül, dann im Atrium, und erst anschließend geht es ins Kircheninnere.

Griechen lebten in Wien schon seit dem Mittelalter. Sie kamen als Händler, brachten Gewürze, Teppiche und Südfrüchte und erhielten das Privileg, sich ansiedeln zu dürfen. In dem katholischen Land war ihnen die Ausübung ihrer Religion aber erst ab dem von Kaiser Joseph II. 1781 erlassenen Toleranzpatent erlaubt. Ab diesem Zeitpunkt richtete die Gemeinde im Stockhammerschen Palais eine Kirche ein. Im Innenhof allerdings, denn nichtkatholischen Kirchen war ein Zugang von der Straße nicht gestattet.

Großzügige Spender

Ab dem 18. Jahrhundert brachten es griechische Handelsfamilien, die ihr Geld lieber in der Monarchie investierten als in ihrer von den Osmanen besetzten Heimat, zu großem Ansehen und Reichtum. Auf die Sinas, Dumbas oder Karajans gehen Stiftungen wie der Musikverein, die Universität oder der Bau der Südbahn zurück. Dieser Zeit der großzügigen Spenden verdankt auch die Kirche zur Hl. Dreifaltigkeit ihre Entstehung. Ihr Aussehen schuldet sie Architekt Theophil Hansen. Der Bankier Simon von Sina hatte ihn in Athen kennengelernt, als der Däne dort Architektur studierte. Er beauftragte ihn mit dem Umbau der alten Kirche, und Hansen entwarf ein Gotteshaus im byzantinischen Stil – mit Vestibül und Atrium anstelle der ehemaligen Einfahrt und dem großen, dreijochigen, reich geschmückten Saal mit der Ikonostasis als eigentlichem Kirchenraum.

In Wien gibt es seit alters her zwei griechische Kirchengemeinden. Die Gemeinde zum Hl. Georg für die ehemaligen Untertanen des Osmanischen Reichs und die Gemeinde zur Hl. Dreifaltigkeit für die Griechen mit anderer Staatsbürgerschaft. Beide haben je ein Haus und eine Kirche, sie liegen nur 50 Meter voneinander entfernt am Fleischmarkt und am Hafnersteig. Optisch aber unterscheiden sie sich wie Tag und Nacht. Die eine Kirche ist pompös und prunkvoll, ein Statussymbol, während die zweite das genaue Gegenteil ist. Schlicht und bescheiden, gilt sie als Symbol für den griechischen Widerstand gegen die Türken.

← Der Kirchenraum samt Ikonostase ist von geradezu magischer Schönheit.
↓ Das Griechenbeisl gilt als eines der ältesten Gasthäuser Wiens.

INFO

DER FLEISCHMARKT
Wer am Fleischmarkt in die Höhe schaut, kann historische Fassaden aus allen Epochen entdecken. Haus Nr. 7, das Handelshaus Julius Meinl, besitzt eine besonders schöne Jugendstilfassade. Nummer 11, das Griechenbeisl, lässt noch den mittelalterlichen Charakter erkennen, auch wegen der Schwibbögen zum Nachbarhaus. Das Haus Fleischmarkt 14 ist ebenfalls wegen seiner Jugendstilfassade sehenswert. Und das Haus Fleischmarkt 16 lohnt einen Umweg, denn hier versprechen das Café Diglas und im Innenhof das Restaurant ef16 kulinarische Genüsse.

WEITERE INFORMATIONEN
planet-vienna.com
diglas.at

10

RUPRECHTSKIRCHE

EIN FELS IN DER BRANDUNG

Tausendjährige Zeitzeugin, Ruhepol im turbulenten Treiben der City und dazu nicht nur die älteste, sondern in ihrer eleganten Schlichtheit vielleicht auch die schönste Kirche Wiens, das ist die romantisch von Efeu umrankte, hoch über den Morzinplatz aufragende Ruprechtskirche.

Unglaublich: Da tost tagsüber der Verkehr am Franz-Josefs-Kai Richtung Schwedenplatz. Da feiern Massen von Jugendlichen am Party-Hotspot Donaukanal die Nächte durch, und da beweist sich in den umliegenden Gässchen das Szeneviertel Bermudadreieck mit unzähligen Lokalen, Pubs und Bars als Wiener Zentrum des Nachtlebens. Und dann sind es nur ein paar Stufen hinauf zum Ruprechtsplatz, und plötzlich ist alles ganz anders: Unberührt vom Trubel der City ringsum, erhebt sich die unschwer als uralt erkennbare Kirche mit ihrem hohen Glockenturm und den Rundbogenfenstern auf einem Platz der Ruhe und der Stille an einem stimmungsvollen Ort des Innehaltens.

Die älteste Kirche Wiens

Ruhig und still war die Umgebung der Kirche wohl nie. Schon vor 2000 Jahren herrschte auf dem Gebiet des ehemaligen Römerlagers Vindobona geschäftiges Treiben, und viele Jahrhunderte später, im Mittelalter, tummelten sich hier, am Salzgries, die Salzer, die das »weiße Gold« der Alpen per Schiff nach Wien brachten. Ihrem Schutzpatron, dem heiligen Ruprecht, wurde auch die im Jahr 740 gegründete Kirche geweiht. Urkundliche Erwähnung fand die Ruprechtskirche dann zwar erst viel später, im Jahr 1200, sie gilt aber trotzdem als die älteste in ihrer Grundsubstanz erhaltene Kirche der Stadt.

Die wohl schlimmsten Zeiten erlebte die Ruprechtskirche während der Nazi-Herrschaft. 1938 wurde das ehemalige Hotel Métropol zu ihren Füßen zur Gestapoleitstelle und die Kirche damit zur Zeugin grausamer Vorgänge. An diese schrecklichen Ereignisse erinnert heute ein Mahnmal am Morzinplatz. Im Laufe der Zeit wurde die Ruprechtskirche mehrmals umgebaut und erweitert, ihren romanisch-gotischen Charakter konnte sie sich aber trotzdem bewahren. Er ist auch im schlichten Inneren spürbar. Neben dem Kreuzrippengewölbe sind an der Südwand die Holzfiguren des hl. Ruprecht aus der Zeit um 1370 am vorderen Pfeiler und am zweiten Mittelschiffpfeiler die Hängeskulptur der »Maria mit Kind« aus den Jahren um 1510 sehenswert. Auf der Unterseite der Madonnenfigur ist eine Besonderheit zu entdecken, ein dunkles Gesicht, das vermutlich den Mond darstellt. In einem Andachtsraum im Erdgeschoss des Turms versteckt sich ein kleines Juwel, die Schwarze Madonna. Das kunsthistorische Highlight der Ruprechtskirche sind aber die Glasmalereien in der Apsis, sie gelten als die ältesten der Stadt.

← Die kleine Ruprechtskirche gilt als das älteste Gotteshaus der Stadt. In ihr gibt es jede Menge mittelalterlicher Kunstwerke zu bestaunen.
↓ Ein Dorado für Freunde englischsprachiger Literatur

INFO

LITERATUR BEI SHAKESPEARE & COMPANY
In unmittelbarer Nähe der Ruprechtskirche, in der Sterngasse, finden Freunde englischsprachiger Literatur ihr kleines Paradies. Shakespeare & Company ist ein kleiner, aber kosmopolitischer Ort mit altertümlicher, gemütlicher Atmosphäre, *oldfashioned* im besten Sinn, an dem Leseratten in einer opulenten Sammlung englischsprachiger Bücher stöbern können. Zu finden sind klassische und zeitgenössische Literatur, Bücher über Kunst und Kultur, Poesie und Kinderbücher. Es gibt sogar Übersetzungen deutschsprachiger Literatur ins Englische – und hochqualifiziertes Personal, das gern Tipps gibt.

WEITERE INFORMATIONEN
shakespeare.co.at

LEOPOLD-STADT

Die »Insel« zwischen Donaukanal und Donau

Versteckt im Auwald des Grünen Praters gelegen, ist das kleine Kirchlein Maria Grün nach wie vor ein beliebtes Ziel für Wallfahrer – und für Hochzeitspaare.

11

DAS KRIMINALMUSEUM

NICHTS FÜR SCHWACHE NERVEN

Anarchistenterror, Dienstmädchenmord oder Kaiserattentat: Was immer es in Wien vom späten Mittelalter bis in die jüngere Vergangenheit an Kriminaltaten und Grausamkeiten gab, im Kriminalmuseum wird es wieder lebendig. Das macht den Besuch dieses Museums zu einem Gang in die »andere Geschichte« der Stadt an der schönen blauen Donau.

Was für ein hübsches, altes Haus! Dieser Gedanke drängt sich an der Adresse Große Sperlgasse 24 unwillkürlich auf. Da duckt sich ein kleines, offenbar betagtes, aber liebevoll renoviertes Haus mit großem Einfahrtstor und dicken Balken zwischen die hoch aufragenden Häuser seiner Nachbarschaft. Ein Relikt aus einer Zeit, die gerne als die gute, alte bezeichnet wird – und die sich bei genauerem Hinsehen als deren Gegenteil erweist.

Das sogenannte »Seifensiederhaus« stand einst im jüdischen Ghetto, es war das Haus des Kantors oder das Gemeindehaus. 1670, nach der Vertreibung der Juden, ging es in den Besitz bürgerlicher Gewerbetreibender über. Damals noch außerhalb der Stadtmauern gelegen, wurde es 1683, bei der Türkenbelagerung, schwer beschädigt, zwei Jahre später aber wieder aufgebaut. Bis 1960 beherbergte es die traditionsreiche Fleischerei Tschippan, danach hatte es wechselnde Besitzer – und verkam.

Eine Wende trat 1988 ein, als Dr. Regina Seyrl das Haus erwarb und es von Grund auf renovierte. 1991 schließlich fand es als Kriminalmuseum, in das die Bestände des Polizeimuseums einbezogen wurden, eine neue Bestimmung. Wer das Museum heute besucht, erfährt in 20 Räumen Details über die Geschichte des Justiz- und Polizeiwesens sowie der Kriminalität vom Mittelalter bis zur Gegenwart. Der Bogen spannt sich von den Schautafeln der Moritatensänger über Flugblätter mit Beschreibungen berühmter Verbrecher bis zu heutigen Zeitungsberichten.

Von Giftmördern und Erhängten

Einblicke in die Lebenswelten von einst, in die Zwänge und das Leid vieler Menschen gewähren berühmte Kriminalfälle. Der Giftmörder Adolf Hofrichter ist ebenso vertreten wie die sadistische Frau eines Klavierbauers, Josefine Luner. Für Gänsehaut sorgen öffentliche Hinrichtungen wie die des Dienstmädchenmörders Hugo Schenk oder jene der »Greißlerin von Hungelbrunn«, einer jungen Frau, die den ihr aufgezwungenen Ehemann mit einer Hacke erschlug und dafür bei der »Spinnerin am Kreuz« gehängt wurde.

Ein großes Thema ist die politische Kriminalität. Sie reicht vom Attentat auf den jungen Kaiser Franz Joseph über die Ermordung des Kriegsministers Theodor Baillet de Latour im Revolutionsjahr 1848 bis zur Entführung des Industriellen Walter Michael Palmers im Jahr 1977.

← Mit Einblicken in triste Lebenswelten von einst und der Dokumentation spektakulärer Kriminalfälle sorgt das Kriminalmuseum für Gänsehaut.
↓ Am hippen Karmeliterplatz gibt es frisches Obst und Gemüse und ringsum etliche gastronomisch interessante Lokale.

INFO

DER KARMELITERMARKT

Einer der ältesten Märkte Wiens hat sich zu einem hippen Hotspot entwickelt. 80 Marktstände bieten eine breite Palette an Angeboten, Freitag und Samstag sind beim Bauernmarkt regionale Produkte zu haben. Auch gastronomisch ist der Markt interessant. Das Zimmer37, Delikatessen-Geschäft und Restaurant in einem, setzt auf vegetarische Fünf-Elemente-Küche; ausgedehnt frühstücken lässt sich in der Café-Bar Einfahrt; das Tewa ist eine biologische Szeneküche; gleich daneben, im Kaas werden Bio- und Slow-Food-Produkte sowie kleine Gerichte offeriert, und das Cafemima bietet leichte Speisen untertags.

WEITERE INFORMATIONEN

www.kriminalmuseum.at

12

WURSTELPRATER

AUF ZUR LUSTIGEN RUTSCHPARTIE!

Toboggane, hohe Holztürme mit spiralförmigen Rutschen, waren um die vorige Jahrhundertwende der letzte Schrei auf den Jahrmärkten. Dann wurden sie von modernen Fahrgeschäften verdrängt. Aber nicht ganz. Im Wiener Wurstelprater gibt es noch einen, noch dazu einen frisch renovierten.

Schneller, höher, lauter. Der Wurstelprater garantiert Adrenalinkicks, Hightech-Attraktionen und volle Action. Das war nicht immer so. Früher galt er als ein gemütliches Vergnügungsviertel für Groß und Klein, lustig, urig und nicht teuer. Eine der beliebtesten Attraktionen war der Toboggan, ein 25 Meter hoher Turm mit hölzerner Rutsche, die sich zweimal um zehn Holzpfeiler windet. Der Name stammt aus der Sprache der kanadischen Algonkin-Indianer, die ihre kleinen Schneeschlitten so nannten. Den ersten Toboggan stellte man um das Jahr 1900 in Paris auf. Mit so großem Erfolg, dass es wenige Jahre später auf dem Münchner Oktoberfest bereits drei ähnliche Rutschtürme gab.

Der Wiener Toboggan stammt aus dem Jahr 1913, er hieß damals »Teufels Rutsch«. Begründet wurde die Kuriosität von einem Mann, der selbst kurios war: Nikolai Kobelkoff, einem ohne Arme und Beine geborenen Russen, der als »Wundermensch« durch Europa tingelte und in Wien zum Praterkönig wurde.

Eine echte Gaudi

Die Wiener liebten ihren Toboggan von Anfang an. Generationen von Praterbesuchern sausten die 100 Meter lange Rutsche hinunter. Der Rand ist so hoch, dass absolut nichts passieren kann. Dass eine Frau in den 1950er-Jahren von einer Holzplanke regelrecht aufgespießt worden sein soll, erwies sich als »Ente«. Sie hatte sich lediglich einen kleinen Holzspan eingezogen.

Im Zweiten Weltkrieg war Schluss mit lustig. Der Toboggan brannte ab – er wurde aber originalgetreu wiederaufgebaut. Ein Publikumserfolg blieb er auch dann. Bis es im Jahr 2000 um den Turm plötzlich still wurde. Wind und Wetter hatten ihm zugesetzt, er bot, morsch und wackelig, ein trauriges Bild des Verfalls. »Wegen Renovierung geschlossen« stand auf einem Schild. Ein Abrissbescheid erging.

Der Toboggan aber überlebte. Er wurde renoviert, 2009 wiedereröffnet und unter Denkmalschutz gestellt. Heute führt ihn Sammy Konkolits mit seiner Lebensgefährtin Gabriele Lindengrün, die er nur knapp 100 Meter vom Turm entfernt kennen und lieben gelernt hat. Über geringen Geschäftsgang klagt er nicht. »Wir sind ein Generationenunternehmen«, sagt er. »Zu uns kommen Väter mit ihren kleinen Söhnen und Töchtern und sagen: Schau, da bin ich als Kind auch schon gerutscht!«

INFO

DIE LILIPUTBAHN

Auf den luftigen Waggons der Liliputbahn durch den Prater zu fahren, ist ein besonderes Vergnügen. Die Rundfahrt auf der 3,9 km langen Strecke dauert 20 Minuten, sie führt vom Prater-Hauptbahnhof in der Nähe des Planetariums über die Stationen Schweizerhaus-Luftburg und Rotunde zum Stadion und wieder zurück. Gezogen wird die liebe, kleine Ultra-Schmalspurbahn, in der schon prominente Politiker wie Bruno Kreisky oder der russische Außenminister Wjatscheslaw Molotow saßen, von Dampf- oder Dieselloks.

WEITERE INFORMATIONEN

prater.at
praterwien.com

← Der Toboggan ist zwar schon betagt, er garantiert aber Spaß wie eh und je.
↑ Eine Rundfahrt mit der süßen Liliputbahn gehört zu jedem Praterbesuch.

13

»FREIE MITTE«

VOM BAHNHOF ZUR STADTWILDNIS

Eine Parkanlage, die nicht gepflegt wird? Ein Stück Land, auf dem sich die Natur entfalten kann, wie es ihr gefällt – wild, wuchernd, lieblich und stachelig, in jedem Fall aber ungezähmt? Das alles wird es in Wien bald geben. In der Stadtwildnis auf dem Gelände des ehemaligen Nordbahnhofs.

Saftiger, grüner Rasen, üppige Blumenpracht, Spazierwege und romantische Bankerl: Wien ist in der glücklichen Lage, mit unzähligen Parks und Gärten grüne Oasen in den Häuserwüsten zu besitzen. Die Palette reicht vom kleinen Beserlpark zu aufwändig gestalteten Repräsentationsflächen. Allein das Stadtgartenamt pflegt 1000 Parkanlagen mit einer Fläche von insgesamt 13 Quadratkilometern, dazu kommen fünf Bundesgärten mit einer Fläche von 350 Hektar. Den Wiener Parks ist eines gemeinsam: Sie werden unermüdlich gepflegt und betreut. Ein Heer von Gärtnern mäht und wässert, trimmt und zupft, bettet jedes Jahr tausende Blumenzwiebeln in die Erde. Sie sorgen dafür, dass es an allen Ecken und Enden der Stadt grünt und blüht und dass sich die Gärten um die Schlossanlagen wie riesige, vor den Augen des Besuchers verschwenderisch ausgebreitete, lebende Teppiche präsentieren. Bis auf eine Ausnahme: Im Viertel um den ehemaligen Nordbahnhof entsteht ein Park, der sich all diesen ordnungsgestalterischen Mühen entzieht: der First Urban Nature Park.

Der Nordbahnhof im 2. Gemeindebezirk galt einmal als der prunkvollste Bahnhof von Wien. Im 19. Jahrhunderts errichtet, diente er als Ausgangspunkt der k. u. k.-Nordbahn und war der wichtigste und größte Bahnhof des Kaiserreichs. Mit dem Untergang der Monarchie verlor er seine Bedeutung, und als er dann im Zweiten Weltkrieg auch noch schwer bombardiert wurde, verkam er zur Ruine. Bis sich die Stadt Wien endlich dazu entschloss, die Industriebrache sinnvoll zu nutzen. In der größten innerstädtischen Entwicklungszone soll Wohnraum für 20 000 Menschen geschaffen werden.

Ein neuer Wilder entsteht

Für die Mitte dieses neuen riesigen Wohnareals ist ein weltweit einzigartiges Projekt geplant: Eine »Gstett'n«, eine kleine Wildnis aus Blumen voller Blüten, Disteln und Dornen, mit hohen Gräsern und Unkraut, das die alten Bahntrassen und Ruinen überwuchert. Ein Naturraum mit Bäumen und Sträuchern, Singvögeln, die in Autowracks nisten, Turmfalken und Eulen, die in altem Gemäuer brüten, Wechselkröten, die unbehindert von Menschen zum Laichen auf Wanderschaft gehen – und Kindern, die auf einem Abenteuerspielplatz herumtollen können, wie es für Kinder früher selbstverständlich war. Es wird noch Jahre dauern, bis die Freie Mitte, die auf 93 000 Quadratmetern außer der Stadtwildnis auch noch 23 Projekte wie Sport- und Freizeitflächen umfassen wird, vollendet ist.

INFO

ANFAHRT
Der bereits geöffnete Teil der Stadtwildnis ist von der Nordbahnstraße 100–106 aus zugänglich.

LHOTZKYS LITERATURBUFFET
Mitten im hippen 2. Bezirk ist Lhotzkys Literaturbuffet in der Rotensterngasse mehr als eine Buchhandlung und mehr als ein Café. Neben dem gemischten Literatursortiment mit Akzent auf Krimi und Zeitgeschichte gibt es im Café-Teil gemütliche Ecken zum Schmökern. Zu Kaffeesorten aus Mexiko und Kolumbien sind feine Mehlspeisen und Snacks zu haben.

WEITERE INFORMATIONEN
stadtwildnis.wien

↖ Ein erster Bereich der »Stadtwildnis« ist schon fertig und öffentlich zugänglich.
↑ Lhotzkys Literaturbuffet: mehr als ein Café

14

BESUCH BEIM SEEBÄR

SCHIFF AHOI AM DONAUSTRAND

Jahrelang hat Franz Scheriau als Hochsee-Kapitän die Sieben Weltmeere befahren. Jetzt sei er an der Donau gestrandet, behauptet er. Das stimmt aber ganz und gar nicht. Tatsache ist vielmehr, dass er in Wien vor Anker gegangen ist. Noch dazu mit einer eigenen, ganz wunderbaren Flotte.

Wenn Franz Scheriau in seinem kleinen Reich an der Donau Besucher empfängt, bittet er sie freundlich, in seinem Wohnzimmer auf dem Sofa Platz zu nehmen. Das ist riskant. Wer nicht seefest ist, läuft Gefahr, seekrank zu werden. Der Grund: Das Wohnzimmer befindet sich auf einem Schiff, das sich im Rhythmus der Donauwellen bewegt. Der Schiffseigner sieht es von der heiteren Seite: »Hier werden alle verschaukelt«, lacht er.

Aufs Wasser gezogen hat es Franz Scheriau von frühester Kindheit an. Geboren 1951 im steirischen Leoben, baute er schon als kleiner Bub lieber Flöße auf der Mur, als die Schulbank zu drücken. Mit 14 packte er dann seine Siebensachen – Seesack hatte er ja noch keinen –, heuerte zuerst als Schiffsjunge bei der Donau-Dampfschifffahrtsgesellschaft an und dann auf einem Fischkutter vor Grönland. Mit 18 bestand er die Prüfung zum Hochsee-Kapitän, absolvierte zwei Jahre Praxis und befuhr fortan die Sieben Weltmeere – am Steuer von Kreuzfahrtschiffen ebenso wie von Frachtern und Öltankern.

Kaiserdampfer »Frédéric Mistral«

Als es vor wenigen Jahren für den Kapitän galt, Kurs auf den Ruhestand zu nehmen, zeigte die Nadel seines Kompasses zunächst in Richtung Leoben. Er kaufte sich ein Haus, beschloss, sesshaft zu werden – und erlitt Schiffbruch. Das ruhige Landrattenleben hinterm Gartenzaun, das war nichts für ihn. Als ihm ein befreundeter Kapitän von dem alten Kaiserdampfer »Frédéric Mistral« erzählte, der im Donaudelta vor sich hingammelte, zögerte Scheriau nicht lange. Das ist was für die alten Tage, ein würdiger Abschluss, dachte er, verscherbelte den Alterssitz in Leoben und erstand das Schiff.

Um den alten Dampfer nach Wien heraufzuschleppen, war ein zweites Schiff nötig. Also kaufte Scheriau noch eines, und dann kamen ein paar weitere hinzu. Professionelle Handwerker zum Renovieren hätte er sich nicht leisten können, aber er fand eine Gruppe von Leuten über 50, die mit Freude und Leidenschaft mithalfen.

Ein bewegtes Schiffsleben

Mittlerweile ist die »Frédéric Mistral« das Flaggschiff der Flotte von insgesamt acht historischen Schiffen im Schiffmuseum, das Scheriau 2020 gemeinsam mit seinem Partner Walter Haider gründete. Zu erzählen haben sie jede Menge. Allen voran die 1914 in Holland gebaute »Frédéric Mistral«,

→ Kapitän Franz Scheriau in seinem Reich. Der Herr der Sieben Meere konnte sich ein Leben als Landratte nicht vorstellen. Sein Element ist das Wasser.

DONAUFÄHRE
BEDARFSSCHIFFFAHRT
FRANZ SCHERIAU

die sogar mit einer Geheimkabine ausgestattet war. Angeblich soll in ihr Kaiser Franz Joseph die Donau auf- und abgefahren sein, um seine Kronländer inkognito zu inspizieren. Später diente sie als Minensuchboot im Schwarzen Meer, wurde von Marschall Tito als Befehlsstand für seine Partisanen genutzt und war schließlich schon für die Verschrottung vorgesehen, bevor Franz Scheriau sie rettete. Heute imponiert tief im Bauch des Schiffs der drei Meter hohe Dampfkessel samt Dampfmaschine. Auf dem imposanten Steuerstand auf der Kommandobrücke wiederholt sich immer wieder ein merkwürdiger Vorgang: Am Steuerrad werden erwachsene Männer plötzlich zu Kindern.

Besucher des schwimmenden Museums können auf vier Piers über schwankende Bohlen zu den Veteranen der Ströme schreiten und auf steilen, engen Treppen in das Leben an Bord eintauchen, das vor Jahren im Maschinenraum, in der Offiziersmesse oder in Mannschaftsquartieren geführt wurde. Da schaukeln Seite an Seite mit dem Kaiserschiff der Eisbrecher »Arthur«, die »Ana«, einst elegantes Salonschiff und ältestes Personenschiff auf der Donau, das Messschiff »Arche Dimetor«, der einzige schwimmende Zollponton »Kranich«, der bis 1898 in Betrieb war, eine 1850 erbaute Seilfähre, das Blumenboot »Zoie« samt Schiffsmodellen, die Schlepper »Josef« und »Isaac« – und dazu eine Fülle an Schiffszubehör, Maschinen und Geräten. Für alle, die angesichts der vielen Schiffe Lust bekommen haben, auf der Donau zu fahren, werden Rundfahrten auf einigen der ausgestellten Schiffe angeboten, auch auf dem Eisbrecher.

Meldezettel auf dem Wasser

Franz Scheriau selbst ist nicht nur der Kapitän seines Museums, er bewohnt es auch. Seine Adresse lautet 1020 Wien, Hafenzufahrtsstraße 17. »Ich bin wohl der einzige Österreicher mit Meldezettel auf dem Wasser«, lacht er und freut sich darüber, dass er genau dort sesshaft geworden ist, wo seine Karriere vor vielen Jahrzehnten begann. Der Wiener Magistrat teilt seine Freude nicht. Die Bürokratie fährt immer wieder schwere Geschütze gegen ihn auf. Einmal stören seine Blumen am Ufer, dann gibt es wieder Ärger wegen des Liegeplatzes, der offiziell nur genehmigt ist, weil auch eine Donaufähre gemeldet ist.

Zuletzt tauchte noch eine antiquierte Verordnung auf, die besagt, dass die Schiffe im Winter an Land zu bringen sind. Der Rechtsstreit läuft noch. Geht er schlecht aus, verliert Scheriau auch sein Zuhause. Eine Alternative hat er nicht. Außer vielleicht, dass er dann unter der Brücke schlafen muss. Und das ist bitterer Ernst, kein Seemannsgarn. Also: schnell hin, bevor die Wiener Rathausbürokraten unbarmherzig zuschlagen und vor allem, um Franz Scheriau den Rücken zu stärken!

↗ In dieser Kajüte haben sich schon viele in den Schlaf schaukeln lassen – sogar hochrangige Persönlichkeiten.
↖ Vom Wasser aus wirkt das Schiffmuseum besonders beeindruckend.
← Die »Mistral« im Ruhestand

INFO

PAGODE AN DER DONAU

Eine in dieser Umgebung unerwartete Schönheit ist die Friedenspagode in der Nähe des Freudenauer Hafens. Errichtet ab 1982, hebt sich der Rundbau mit 26 Metern Höhe, einer goldenen Buddha-Statue, goldenen Reliefs und goldener Spitze ansonsten blendend weiß vom Grün des umgebenden Rasens ab. Das Mahnmal für den Weltfrieden blickt auf die Donau, den ganz im buddhistischen Sinn ruhig dahinfließenden Strom. Neben der Pagode steht ein weiteres, von einem japanischen Mönch bewohntes Gebäude. Darin ist ein Tempel untergebracht, der zum Innehalten, Beten und Singen einlädt. Alles in allem ein besonderer Ort der Ruhe und des Friedens.

WEITERE INFORMATIONEN

In unmittelbarer Nähe liegt der Grüne Prater, einst berühmt für Galopp- und Trabrennen. Der Glanz ist heute verblasst, viele der schönen alten Gebäude verfallen trotz Denkmalschutz. Stallungen und Koppeln gibt es aber noch. Ein beliebtes Ausflugsziel und Eventlocation ist das elegante Café-Restaurant Lusthaus.
peacepagoda.net
lusthaus-wien.at

Strahlend weiß und golden hebt sich die imposante Pagode vom Dunkelblau des Himmels ab.

Auch das Wohnzimmer des Seebären schwankt – klar, es liegt ja im Bauch eines Schiffs.

SEGELYACHTEN
DIE GROSSE GESCHICHTE DER SEEFAHRT
SCHIFFE
SPEKTAKULÄRE SUPERYACHTEN
Die großen Ströme Europas
YACHTSPORTS
DAS ASHLEY-BUCH DER KNOTEN
MUSICAL ENCYCLOPAEDIA
MUSICAL ENCYCLOPAEDIA

15

MARIA GRÜN

WALLFAHRER-IDYLLE IM GRÜNEN PRATER

Ursprünglich hätte das Kirchlein Maria Grün die Endstation für die parallel zur Prater-Hauptallee geplante Liliput-Bahn werden sollen. Daraus wurde aber nichts. Zum Glück. Denn nur so konnte es sich zu dem entwickeln, was es jetzt ist: ein zutiefst romantischer Ort der Stille und der Besinnung.

Im Auwald des Grünen Praters wartet ein wahres Kleinod darauf, entdeckt zu werden: das Kirchlein Maria Grün. Seine Entstehung verdankt es einem Lehrer, der um 1860 ein Marienbild an einem Baum befestigte, um mit den Volksschulkindern kleine Andachten abhalten zu können. Bald versammelten sich an diesem Kraftplatz auch Erwachsene zum Gebet und machten an den Bäumen weitere Heiligenbilder fest.

Als der Gastwirt Franz Plankenbüchler 1911 dort zusätzlich eine Marienstatue aufstellen ließ, zog das weitere Gläubige an, und auch sie brachten Heiligenbilder und Statuen mit – einige davon befinden sich heute bei der nahen »Waldandacht« neben Gedenksteinen, darunter die für den im Krieg gefallenen Franz Plankenbüchler und seine Frau. Die städtische Praterverwaltung zeigte für diese Art von Frömmigkeit kein Verständnis. »Zum Schutz der Bäume« ließ sie die Statuen und Heiligenbilder wegbringen – es sollen mehrere Wagenladungen gewesen sein.

Die Magie des Orts blieb aber ungebrochen, und so wurde auf Initiative eines Priesters 1924 der Bau des Kirchleins in Angriff genommen. Es entwickelte sich bald zu einem beliebten Wallfahrtsziel, heute vor allem für in Wien lebende Burgenlandkroaten.

Maria mit Kind im Prater

Im Zweiten Weltkrieg erlitt das Kirchlein schwere Schäden. Erst am 10. Oktober 1948 konnte wieder eine Messe gefeiert werden. Interessant ist das Altarbild, das von einer malenden Baronin stammt. Es zeigt Maria mit dem Jesuskind auf einer Parkbank im Prater sitzend: Maria Grün.

Auch die Umgebung des Kirchleins berührt. An der Südseite stellen Fresken den heiligen Georg, die Mariazeller Madonna und den heiligen Hubertus dar. Gedenkplatten erinnern an verstorbene Reiter, eine kleine Kapelle schützt einen Feldaltar vor Schlechtwetter, und ein Kriegerdenkmal ist den Gefallenen der Weltkriege gewidmet. Nördlich der Kirche wurde ein volkstümlicher Kreuzweg mit Darstellung des Heiligen Grabes und ein Ölberg-Relief angelegt. Seit 2000 hat die Aids-Seelsorge der Erzdiözese Wien in Maria Grün ihren Sitz. Im Kreuzweg eingebunden ist das in Form der Roten Schleife gestaltete Blumenbeet des Aids-Memorials. Unzählige weiße Kieselsteine mit den Namen Verstorbener umranden das Beet, und brennende Kerzen halten die Erinnerung an sie wach.

← Heiligenbilder und Statuen, Gedenktafeln und Danksagungen, was immer es an Zeichen tiefer Frömmigkeit gibt, es wurde zu dem Wallfahrtskirchlein gebracht.
↓ Die Astgabel eines alten Baums mutiert zum Sammelbecken für kleine Engelsfiguren.

INFO

ALTES JÄGERHAUS
Der schattige Gastgarten mit Blick zum Lusthaus, das in Schönbrunngelb gehaltene Gebäude, das früher einmal ein Gesinde- und Stallungshaus des Kaiserhofs war, und dazu die Speisekarte mit köstlichen Gerichten (Tagesschmankerl oder hausgemachte Zwetschgenknödel), das alles macht den Besuch im Alten Jägerhaus zum Genuss. Und lässt in Alt-Wiener Flair eintauchen, denn in diesem Lokal, das übrigens schon 1899 geschichtlich erwähnt wurde, scheint die Zeit irgendwann einmal wirklich stehengeblieben zu sein.

WEITERE INFORMATIONEN
Maria Grün, Aspernallee 1, 1020 Wien
altes-jaegerhaus.com

INNERHALB DES GÜRTELS

Nicht mehr Innen- und noch nicht Vorstadt

Das Sommerpalais Liechtenstein ist eine wahre Schatztruhe. Zu besichtigen sind die wertvollen Kunstgegenstände allerdings nur im Rahmen von Führungen.

16

SÜNNHOF-PASSAGE

ZU FUSS INS BIEDERMEIER

Da die pulsierende Geschäftsstraße und dort, völlig überraschend, eine Insel der Ruhe und Romantik: Die Sünnhof-Passage, die Verbindung zwischen der Landstraßer Hauptstraße und der Ungargasse, ist herübergerettet aus einer längst vergangenen Zeit.

Die Landstraßer Hauptstraße ist die Lebensader des 3. Wiener Gemeindebezirks. Geschäfte und Lokale jeglicher Art ziehen Tag für Tag geschäftige Menschen an. Wer aber stadtauswärts auf der rechten Seite unweit vom Rochus-Markt durch einen wunderschönen alten Torbogen tritt, bleibt zuerst einmal überrascht stehen. Da beginnt ein enges Gässchen mit Kopfsteinpflaster, und darüber sind unzählige bunte Regenschirme gespannt: ein schlicht und ergreifend bezauberndes Bild.

Ein früher »Gewerbehof«

Entstanden ist die Sünnhof-Passage um das Jahr 1837. Damals ließ der Rechtsanwalt Carl Sünn, der in der ehemaligen Vorstadt das Haus »Zum Kopf an der Landstraße« besaß, eine Verbindung zu einem Haus in der Ungargasse errichten. Dieser ursprünglich 17 Meter breite und rund 170 Meter lange Durchgang zog bald Handwerksbetriebe an. Sie verbauten den Gang sukzessive nach innen, bis ein nur fünf Meter breiter, gassenartiger Hof entstand. Es war eine Art »Gewerbehof«, mit drei- bis viergeschossigen Bauten zu beiden Seiten. Handwerker wie Schuster, Schneider, Glaser, Blumenbinder, Korbflechter oder Tischler arbeiteten in den ebenerdigen Gewölben, und in den darüber liegenden Stockwerken wohnten sie.

In den 1980er-Jahren befand sich der Sünnhof bereits in sehr schlechtem Bauzustand. Dann aber gelang es einer Gemeinschaft aus einem Bauunternehmer und mehreren Architekten, den Komplex zu revitalisieren. Ursprünglich war neben dem Durchgang zwischen Landstraßer Hauptstraße und Ungargasse auch eine Wegverbindung zwischen Baumanngasse und Pfarrhofgasse geplant. Für den Kreuzungspunkt der beiden Wege war eine von einer Glaskuppel überdachte »Plaza«, ein eleganter zentraler Punkt, angedacht. Aus der »Plaza« samt Glaskuppel wurde nichts, aber das ist kein Drama, eine Alternative war bald gefunden. Die vielen bunten Schirme, die den Sünnhof im Sommer überdachen, sind ohnehin origineller. Und in der Advents- und Weihnachtszeit sorgen bunte Glaskugeln, Sterne und Girlanden für eine stimmungsvolle Atmosphäre.

Heute nimmt das Mercure Grand Hotel Biedermeier samt seiner entzückenden grünen Oase einen großen Teil des Komplexes ein. In der Passage haben sich aber auch einige Geschäfte sowie mehrere gastronomische Betriebe angesiedelt. Alles absolut wert, einen Spaziergang in den Sünnhof einzuplanen!

INFO

FRANZÖSISCHE KÖSTLICHKEITEN

Schräg gegenüber vom Eingang in den Sünnhof bietet das Café Joëlle Quiches et Tartelettes Freunden der französischen Küche eine große Auswahl an Köstlichkeiten. In dem winzigen Coffeeshop gibt es für den kleinen Hunger zwischendurch oder als Mittagessen frische, noch warme kleine Quiches und feine Fingerfood-Häppchen. In der Vitrine mit Süßem verführen bunte Tartelettes oder Törtchen zu kleinen Sünden. Dazu werden hausgemachte Fertiggerichte, französische Feinkost und Wein angeboten. Sitzplätze sind rar, es gibt aber Tischchen im Freien und Gerichte zum Mitnehmen.

WEITERE INFORMATIONEN

joelle-catering.com/de/joelle-shop

↖ Wirklich originell: Die vielen bunten Regen- oder Sonnenschirme überdachen die idyllische Sünnhof-Passage.
↑ Verführerisch: das Café Joëlle

17

RUSSLAND IN WIEN

GOLDENE KUPPELN, ROTE ARMEE

Die wechselvolle Geschichte der russisch-österreichischen Beziehungen spiegelt sich im 3. Wiener Gemeindebezirk wider. Gleich neben der Russischen Botschaft ruft die Kathedrale zum heiligen Nikolaus zum orthodoxen Gottesdienst, und an die Rote Armee erinnert das monumentale Heldendenkmal am Schwarzenbergplatz.

Die Kreuzung Reisnerstraße/Jaurèsgasse ist bestens bewacht. Da patrouillieren bewaffnete Sicherheitsbeamte und mustern jeden streng, der sich nähert. Der Grund ist bald ersichtlich: Hinter hohen Gitterzäunen erheben sich die beflaggten Bauten der Iranischen, der Deutschen und der Russischen Botschaft. Ganz anders wirkt die Atmosphäre ein paar Schritte weiter. Da duftet es plötzlich nach Weihrauch, und bald wird klar, woher die zarte Brise kommt: Hier steht eine waschechte russische Kathedrale, gebaut aus Backstein, mit Zwiebeltürmchen und in der Sonne golden glänzenden Kuppeln. Ein Bau, wie irrtümlich von St. Petersburg an die Donau versetzt.

Von irrtümlich kann aber keine Rede sein. Die russische Gemeinde hat in Wien eine lange Tradition. Doch ihre Möglichkeiten zur Glaubensausübung waren Ende des 19. Jahrhunderts beschränkt, also sandte der russische Botschafter 1885 ein Bittgesuch nach St. Petersburg. Zar Alexander III. reagierte prompt. Er spendete 400 000 Rubel für den Bau einer Botschaftskirche und schickte dreißig Fuhrwerke russischer Erde, damit sie auf russischem Boden stehen konnte.

Ein Juwel russischer Architektur

Zar Alexander III. wurde nicht enttäuscht. Die 1899 eingeweihte zweistöckige Kirche geriet mit ihren Kuppeln, ihrer stattlichen Höhe von 56 Metern und ihren Monolithsäulen aus Granit zu einem Juwel russischer Architektur. Wer den Kirchenraum betritt, ist fasziniert. Die fünf großen goldenen Kronleuchter, ein Geschenk von Zar Nikolaus II., die prächtige vergoldete Ikonostase, die von einfallenden Sonnenstrahlen erhellten Bibelszenen an den Wänden, das alles wirkt wie nicht von dieser Welt.

Die Geschichte der Kirche allerdings war an irdische Ereignisse gebunden. 1914, nach Abbruch der Beziehungen zu Russland und der Schließung der Russischen Botschaft, machte auch die Kirche dicht. In der Stalin-Ära diente sie später als Lagerraum und im Zweiten Weltkrieg als Reichsmusikhochschule. Erst 1945 wurde sie wieder als Gotteshaus geöffnet. Seit wenigen Jahren erstrahlt die nunmehrige Kathedrale in neuem Glanz und lädt zu einem jener Gottesdienste, in dem der Chor, die fremd wirkende Sprache und die geheimnisvollen Rituale eine mystische, weltentrückte Atmosphäre schaffen.

Ein Denkmal für die Befreier

Die Rote Armee war im Februar 1945 noch im Marsch auf

→ Wie ein irrtümlich von St. Petersburg an die Donau versetzter Bau präsentiert sich die russisch-orthodoxe Kirche mit ihren goldenen Zwiebeltürmchen.

Wien begriffen, um die Stadt von der Naziherrschaft zu befreien, aber der Entschluss, ein großes Siegesdenkmal zu errichten, stand schon fest. Major Jakowlew gelang es mit einer Bleistiftzeichnung, einen eilig veranlassten Architektenwettbewerb für sich zu entscheiden. Das zentrale Soldatenstandbild entwarf Leutnant Intesarjan ebenso improvisiert, indem er mangels Ton Brot- und Speckreste um eine Flasche modellierte.

So wusste man zwar, wie das Siegesdenkmal aussehen sollte, die Frage seines Standorts war aber noch ungeklärt. Die Wahl fiel schließlich auf den 450 Meter langen Schwarzenbergplatz, auf das Areal zwischen dem Hochstrahlbrunnen und dem Vorplatz des Palais Schwarzenberg. Die Schlacht um Wien dauerte bis zum 13. April 1945. Dann war die Stadt befreit, allerdings unter hohem Blutzoll: Sowjetischen Angaben zufolge waren mehr als 18 000 Soldaten der Roten Armee ums Leben gekommen.

Das erste Bauwerk der Republik

Die Arbeiten für das Siegesdenkmal, oder, in anderer Deutung, das Heldendenkmal für den unbekannten russischen Soldaten, begannen noch im Mai 1945. Es war das erste Bauwerk der Zweiten Republik, und es geriet zu einem imposanten Monument: Vor dem Hintergrund einer acht Meter hohen Balustrade mit je einer Gruppe von zwei Kämpfenden als Abschluss, erhebt sich auf dem 20 Meter hohen Sockel die zwölf Meter hohe Statue eines Rotgardisten, der eine Fahne und einen vergoldeten Schild mit dem Staatswappen der Sowjetunion trägt. Die russische Inschrift lautet: »Ewiger Ruhm den Helden der Roten Armee, gefallen im Kampfe gegen die deutsch-faschistischen Räuber der Freiheit und Unabhängigkeit der Völker Europas«.

Eingeweiht wurde das Denkmal am 19. August 1945. Im Laufe der Jahre überstand es mehrere Attentatsversuche und Veränderungen. 1956 entfernte man das angeschlossene Grabmal. 1958 erlangte die Kolonnade größte mediale Aufmerksamkeit, als hinter ihr die Leiche einer jungen Frau namens Ilona Faber gefunden wurde, Opfer eines spektakulären Kriminalfalls.1970 erhielt das Denkmal eine deutsch-russische Erklärungstafel und 1986 schließlich einen Kubus mit der Widmung auf Deutsch.

Bei der Wiener Bevölkerung festigte sich für das Mahnmal die Bezeichnung »Russendenkmal«, der Volksmund nannte es aber auch »Erbsendenkmal«, denn Stalin, nach dem der Platz bis 1956 benannt war, hatte im Mai 1945 an die hungernde Bevölkerung Wiens 1000 Tonnen Erbsen verteilen lassen. Die Behauptung, der Hochstrahlbrunnen sei errichtet worden, um das Denkmal zu verdecken, ist Unsinn: Der Brunnen steht bereits seit 1873.

↗ Der Hochstrahlbrunnen erstrahlt oft in wechselnden, spektakulären Farben. Errichtet wurde er zur Eröffnung der Ersten Wiener Hochquellenleitung.
← Die Innenansicht der Kathedrale zum heiligen Nikolaus Richtung Ikonostase

INFO

DAS ARSENAL

Nach der Revolution von 1848 sah sich das Kaiserhaus genötigt, zum Schutz vor dem Proletariat rund um die Innenstadt zwei sogenannte »Defensivkasernen« und außerhalb des Linienwalls das Arsenal zu errichten. Letzteres wurde mit seinen 31 Backsteinbauten aus 177 Millionen Ziegeln zu einem architektonischen Meisterwerk des Historismus. Im Herzen des Arsenals liegt heute das Heeresgeschichtliche Museum, eines der bedeutendsten militärhistorischen Museen weltweit. Modern und zeitgemäß, erzählt es anhand von 1,2 Millionen Objekten – alles Originale – die Geschichte der Habsburgermonarchie vom Dreißigjährigen Krieg bis 1918 und die Geschichte des Landes bis 1945.

WEITERE INFORMATIONEN

Im Panzergarten des Heeresgeschichtlichen Museums ist ein Objekt mit besonderer Geschichte zu sehen: das sowjetische Sturmgeschütz SU-100. Es wurde während der Schlacht um Wien abgeschossen, die vier Besatzungsmitglieder starben. Man begrub sie am Schwarzenbergplatz, und der SU-100 wurde hinter den Gräbern aufgestellt. 1955 bettete man die Gefallenen um, das Sturmgeschütz landete im Arsenal.

Im Arsenal ist als letztes erhaltenes Fahrzeug der Befreiung Wiens auch das sowjetische Sturmgeschütz SU-100 zu sehen.

18

BOTANISCHER GARTEN

WELTREISE IM HERZEN WIENS

Der Mammutbaum aus Kalifornien, die Sukkulenten aus der »Neuen Welt« oder der Bambus aus China: Der Botanische Garten entführt auf eine Reise rund um den Erdball. Auf eine botanische, versteht sich, denn was dort im Freiland und in den Gewächshäusern wurzelt, blüht und grünt, stammt aus sechs Kontinenten.

Wien ist die »grünste« Stadt der Welt. Das beweisen die unzähligen Parks und Grünflächen, die tausenden duftenden Rosen im Volksgarten, die prachtvollen Blumenbeete in Schönbrunn oder die Kastanien-Alleen im Prater. Alles wunderbare grüne Inseln im Häusermeer. Kleine, duftende Stückchen vom Paradies. Orte der Erholung und Entspannung. All das trifft auch auf den Botanischen Garten zu. Aber nicht nur das. Dieser acht Hektar große Garten mit seinen uralten Bäumen, Bambuswäldchen, Wiesenflächen, Teichen und Wasserbecken ist dank der rund 12 000 Pflanzenarten so etwas wie eine lebende Schatzkammer. Ein heißer Tipp also für alle Pflanzen-Fans!

Seine Gründung verdankt der Botanische Garten im 18. Jahrhundert Maria Theresia und ihrem Leibarzt und Berater Gerard van Swieten. Er reformierte den wissenschaftlichen Betrieb von Grund auf und wurde zum Begründer der Ersten Wiener Medizinischen Schule. Als Hortus medicus, der Studenten der Medizinischen Fakultät eine praktisch orientierte, pflanzenkundliche Ausbildung ermöglichen und heilende Wirkstoffe aus Pflanzen verfügbar machen sollte, ließ er 1754 den Botanischen Garten am Rennweg anlegen.

Auch der Garten wuchs

In den folgenden Jahren wurde der Botanische Garten immer wieder vergrößert und erweitert, neben den großzügigen Freiflächen entstanden Gewächshausanlagen, alle mit wissenschaftlicher Orientierung. Heute beherbergt die einzigartige Pflanzensammlung vom Aussterben bedrohte Arten, Exoten ebenso wie Vertreter der heimischen Flora. An vielen davon arbeiten Wissenschaftler der Fakultät für Lebenswissenschaften der Universität Wien.

Von den Gewächshäusern ist heute nur das Tropenhaus mit seiner Orchideensammlung öffentlich zugänglich. Im Freiland hingegen können Besucher in zehn verschiedenen Schaugruppen Pflanzen aus aller Welt bestaunen. Direkt beim Haupteingang liegt das Alpinum, allein hier werden 800 Arten aus den Alpen, aber auch aus anderen Gebirgen Europas und Asiens kultiviert. Die Heil-, Nutz- und Giftpflanzen-Gruppe zeigt 360 Arten, viele davon ursprünglich zu Studienzwecken angelegt. Neben dem Koniferetum, der Sammlung diverser Nadelhölzer und Farne, und der Pannonischen Gruppe fasziniert besonders die Sukkulenten-Schaugruppe. Sie zeigt 150 Arten aus der Alten und der Neuen Welt, Taxa, Aloen, Agaven und Kakteen.

← Die stacheligen Gesellen sind nur im Sommer im Freien zu sehen, im Winter übersiedeln sie ins Gewächshaus gegenüber, dann kann man sie durch eine Sichtscheibe betrachten.
↓ Der Blick von der Bar auf das Belvedere

INFO

AURORA ROOFTOP BAR
Cooles, nordisches Design, ein atemberaubender Blick über Wien und dazu eine Auswahl an außergewöhnlich kreativen Cocktails: Die Aurora Rooftop Bar liegt zwar nicht mittendrin in der City, sie ist aber jeden (kleinen) Umweg wert. In die auf dem Dach des Hotels Andaz Vienna Am Belvedere im 16. Stock gelegene Bar führt ein eigener Eingang samt Lift. Das Highlight bildet die Dachterrasse, auf der man hoch über dem Belvedere zu schweben glaubt.

WEITERE INFORMATIONEN
Die größte Veranstaltung des Botanischen Gartens ist die Raritätenbörse im April. Aussteller aus ganz Österreich bieten seltene Pflanzen an.
botanischergarten.univie.ac.at

19

FRIEDHOF ST. MARX

WO LEGENDEN RUHEN

Egal, ob im Frühling zur Fliederblüte oder im Herbst, wenn Blätter fallen und Nebel zwischen den Grabreihen liegt, der Biedermeier-Friedhof St. Marx ist zu jeder Jahreszeit romantisch. Auch wenn er längst kein Friedhof mehr ist, sondern nur noch eine Gedenkstätte und ein verwunschener Park.

Die Umgebung könnte nicht unromantischer sein: ein paar Gemeindebauten, Gleisanlagen, und quer über dem Friedhofsareal die Betonbrücke der A 23, der Südosttangente. Dann in der Leberstraße, rechts vor der Autobahnbrücke, etwas unterhalb des Straßenniveaus, der Eingang zum Friedhof, ein Backsteinbau. Sein Tor führt in eine andere Welt. In eine Atmosphäre der Ruhe und des Friedens, die nahezu physisch spürbar wird. Angelegt im Jahr 1784, diente der Friedhof St. Marx lediglich bis 1874 seinem eigentlichen Zweck. Dann wurde der Zentralfriedhof eröffnet, und die Gebeine vieler berühmter Toter wurden in dortige Ehrengräber umgebettet. In St. Marx verblieben nur die Gedenksteine.

Vom Eingang führt eine breite Kastanienallee, die von Todesgenien mit den Inschriften »Auf irdische Trennung folgt selige Vereinigung« und »Wiedersehen meine Hoffnung« gesäumt wird, in den einstigen Friedhof. In den von dieser Hauptallee abzweigenden linken Seitengässchen finden sich Gräber mit interessanten Inschriften wie »Dem Andenken an Herrn Josef März, des Repräsentanten der bürgerlichen Lohnkutscher und Hausinhabers in der Leopoldstadt No 138«. Oder, ein paar Reihen weiter, »Frau Elisabeth Heim, bürgerl. Küchengärtners- und Hausinhabers-Gattin von Erdberg No 374«. Hier war auch Ida Pfeiffer begraben, die Biedermeier-Dame, die es wagte, ganz auf sich allein gestellt, Weltreisen zu unternehmen – bis zu den Menschenfressern in Indonesien.

Pilgerstätte Mozartgrab

Wo die Grabreihen aufhören, beginnt der Bereich der ehemaligen »Schachtgräber«. Hier wurden die Toten in josephinischer Schlichtheit beerdigt, in Gräbern für sechs Personen und ohne jedes Gedenkzeichen. Wolfgang Amadeus Mozart war einer von ihnen. Das »Mozartgrab« wurde allerdings erst 1859 errichtet, und es bezeichnet den Platz der tatsächlichen Bestattung Mozarts auch nur ungefähr. Mit frischen Blumen ist das Grab mit Säulenstumpf (ein Freimaurersymbol) und Trauerengel trotzdem stets geschmückt.

Die Hauptallee führt weiter zu romantischen Grabsteinen mit geflügelten Engeln und Trauergenien. Rechts von der Allee liegt das Grab von Moritz Michael Daffinger, dem berühmtesten Porträt- und Blumenmaler. Wieder im Bereich der Schachtgräber liegt Josef Madersperger, der Erfinder der Nähmaschine. Und danach fand einst Michael Thonet seine letzte Ruhe, Erfinder der berühmten Bugholzmöbel.

← Die Grabsteine sind nicht nur hoch romantisch, auch viele ihrer poetischen Inschriften gehen richtig ans Herz.
↓ Die »Öffis« gehören seit 1865 zum Stadtbild. Das Verkehrsmuseum erzählt davon.

INFO

VERKEHRSMUSEUM REMISE

Allein die Hallen der ehemaligen Tramway-Remise in Erdberg sind eine Wucht, was die Herzen aller Freunde historischer Fahrzeuge aber erst recht höherschlagen lässt, ist die Vielfalt dieser Sammlung. Immerhin eine der größten in ganz Europa, lädt sie zu einer Zeitreise über 150 Jahre ein. Sie beginnt im Jahr 1868 mit der ersten Pferde-Tramway und reicht über den legendären »Amerikaner«, die erste Nachkriegs-Bim, bis zu einem Ausblick in die Zukunft des öffentlichen Verkehrs. Außer den vielen alten und neuen Fahrzeugen vermitteln zahlreiche Themeninseln Interessantes und Kurioses rund um die Wiener Öffis.

WEITERE INFORMATIONEN

tram.at

20

FLO VINTAGE

GARDEROBE MIT CHARAKTER

Neue Sachen kaufen, das kann jeder. Wer sich aber für Vintage-Mode entscheidet, hat etwas, das andere nie haben werden. Vorausgesetzt, es gelingt, die richtige Fundgrube zu entdecken. Das Flo Vintage in der Schleifmühlgasse ist so eine. Und das schon seit vielen Jahren.

Wieso eigentlich »*Vintage*«? Was hat Mode von Gestern mit der Weinlese zu tun, der Vintage? Viel mehr, als viele glauben! *Vintage* ist in Frankreich auch der Begriff für den Jahrgangswein, für hoch qualitative Sorten und Jahrgänge, ausgezeichnet mit dem Prädikat »je älter, desto wertvoller«. Und in der Mode bezeichnet er die absoluten Hits einer Kollektion oder einer Epoche. So einfach ist das.

In Wien hat erstklassige Vintage-Mode seit vielen Jahren eine Adresse: Es ist der gemütliche, kleine Shop Flo Vintage in der Schleifmühlgasse, nur ein paar Schritte vom Naschmarkt entfernt. Ingrid Raab, eine ehemalige Fernsehjournalistin mit Kontakt zur Prominenz, hat ihn 1978 eröffnet – als Laden für nostalgische Mode.

Geschäft mit Fundus

Dass Flo Vintage innerhalb kurzer Zeit zu einem außergewöhnlichen Modetreff wurde, war wenig überraschend. Zum einen, weil Ingrid Raab sich als echte Koryphäe in Sachen Mode erwies. Sie schafft es mühelos, ein Kleidungsstück zeitlich in einen Rahmen von fünf Jahren einzuordnen. Und zum anderen, weil sich in dem kleinen Schatzkästchen, übrigens dem ersten im deutschsprachigen Raum, bald Designergrößen wie Jean-Charles de Castelbajac und Marc Jacobs einfanden, um sich Anregung und Inspiration zu holen.

Auf die Designer folgten internationale Stars. Kate Moss kam hereingeschneit, Stella McCartney, Dita Von Teese und die gesamte österreichische Schauspielerinnen-Riege von Elke Winkens über Krista Stadler zu Nina Proll. Sisis weiße (übrigens erstaunlich große) Stiefelchen oder Marilyn Monroes goldenen Badeanzug konnten sie zwar nicht erwerben, denn die sind unverkäuflich, aber sie durften nach Herzenslust in dem reichen Sortiment stöbern, alles anprobieren, sich vor dem Spiegel drehen und dabei – was könnte für eine Schauspielerin lustvoller sein? – in die Rolle von Frauen vergangener Epochen schlüpfen. Zur Auswahl stehen im Geschäft rund 500 Teile, die je nach Saison umarrangiert werden. Im Lager warten noch 5000 weitere auf ihren Auftritt. Kleider, Blusen, Kostüme und Mäntel aus allen Epochen, dazu passende Schuhe, Taschen, Schals, Seidentücher, Handschuhe und Schmuck. Alles Einzelstücke und alles wie gemacht für Frauen, die das Individuelle lieben. Statt Konfektionsware aus dem Kaufhaus Kleider mit Geschichte und Mode mit Charakter eben.

INFO

BABETTE'S SPICE AND BOOKS
Tania Blixens Novelle »Babettes Fest«, in der es um den Zauber gemeinsamer Tafelfreuden geht, stand Pate, also gibt es bei Babette's Spice and Books direkt neben Flo Vintage in der Schleifmühlgasse alles, was den Alltag schöner und genussvoller macht. Zur Wahl stehen raffinierte Gewürze und fein ausgesuchte Kochbücher. Wer das Shoppen auch gleich mit Essen verbindet will, kann gute Currys, interessante Tees oder Kuchen probieren – das Ganze auch als Take-away. Und für alle, die Hunger auf frische Ideen haben, werden regelmäßig Kochkurse angeboten.

WEITERE INFORMATIONEN
babettes.at

← Das Geschäft gilt seit vielen Jahren als Top-Adresse für exklusive Vintage-Mode.
↑ Raffinierte Gewürze, Kochbücher und dazu Köstlichkeiten zum Verkosten gibt es nebenan.

21

TANZCAFÉ JENSEITS

STILVOLL VERSUMPFEN

Schon allein der Name verheißt viel. Und er hält auch wirklich, was er verspricht. Wer einmal in dem plüschig verruchten Jenseits in Wien-Mariahilf angekommen ist, will so schnell nicht wieder weg. Bis draußen, im Diesseits, der Morgen graut zumindest.

Die Tür in der Nelkengasse, einer Nebengasse der belebten Mariahilfer Straße, ist unauffällig. Braun, fest verschlossen, ohne Aufschrift. Eine Tür, an der Passanten achtlos vorbeieilen. Tagsüber. Kaum ist die Nacht hereingebrochen, ändert sich die Situation. Die Tür ist zwar immer noch braun und verschlossen, über ihr leuchtet aber das Schild »Tanzcafé Jenseits«. Und bald kommen Leute. Je vorgerückter die Stunde, desto mehr. Nach Mitternacht ist der Andrang am größten. Die Eintreffenden sind Insider. Sie läuten oder klopfen an der Tür, ein Schuber öffnet sich, und dann wird Einlass gewährt. Das ist der Beginn einer langen Nacht, die garantiert außergewöhnlich verläuft, manchmal sogar legendär.

Musik mit Niveau

Wer eintritt, findet sich in einer roten Retro-Welt aus Samt und Plüsch wieder. Mit Brokat-Tapeten, abgewetzten Samtbänken und einer Bar mit goldfarbener Stoff-Draperie. Marilyn spitzt ein Kussmündchen. Die DJs spielen trashige Musik, unter der Woche Jazz und Soul, am Wochenende Tanzbares, immer mit Niveau. Wer nicht tanzen will, kann an der Bar einen Singapore Sling verkosten oder einen Martini-Cocktail trinken und dabei Zwiesprache mit Elvis halten, drüben an der Wand.

Das »Jenseits« hat Kultstatus. Es ist schräg, wunderbar eigensinnig und ganz und gar nicht unschuldig – was seine Vergangenheit betrifft jedenfalls. In der Zwischenkriegszeit hieß es Café Esterhazy. Als erstes Animier-Lokal mit Tischtelefon war es ein Pionier seiner Zunft. Später dann, als die Mariahilfer Straße eine riesige U-Bahn-Baustelle war, wurde das »jenseits« der Schutthaufen gelegene Lokal zu einem künstlerischen Etablissement. Mit einer Bühne für Aufführungen, Konzerte und Lesungen. So übernahm es 1997 der Künstler Peter Hofmann, dessen Tochter es nun führt. Liebe gibt es im Café Jenseits jetzt nicht mehr zu kaufen. Die Separees sind einem Raum für Veranstaltungen gewichen, die Puff-Atmosphäre ist aber geblieben. Und auch die Diskretion. Das weiß das Stammpublikum zu schätzen, Architekten, Künstler und Schauspieler. Sie können darauf vertrauen, dass Fotos von ihnen nie in falsche Hände gelangen. Der Ruf des »Jenseits« hat sich mittlerweile bis Hollywood durchgesprochen. Quentin Tarantino war schon mehrmals da, und als Drehort hat es sich auch bewährt. Barszenen für den Oscar-prämierten Film »Die Fälscher« wurden hier gedreht, auch Szenen für »Tatort« und »Blind ermittelt«. Und das werden bestimmt nicht die Letzten sein …

INFO

DIE VINTAGERIE
Zu welcher Tageszeit auch immer: Schräg gegenüber vom Café Jenseits lohnt es sich, in der Nelkengasse in die Auslage der Vintagerie zu schauen. Dieses Souterrain-Lokal ist eine wahre Wunderkammer, voll mit Dingen, die Nostalgiker begehren.

DAS CONDOMI MUSEUM
Kurioses gibt es in den Kellerräumen unterhalb des Erotikfachgeschäfts »Liebenswert – feminine Lebensart« zu entdecken: Ein kleines Museum dokumentiert die Geschichte des Kondoms.

WEITERE INFORMATIONEN
tanzcafe-jenseits.com
liebens-wert.at/museum/kondommuseum

↖ Schade eigentlich, dass das Café Jenseits rein gar nichts mit der Ewigkeit zu tun hat.
↑ Kondome aller Art im Museum

22

JOSEPH HAYDN

WO DER KOMPONIST ZUR RUHE KAM

Es liegt nicht am Besichtigungs-Highway der Wien-Touristen, und gerade das macht es wahrscheinlich so interessant: Das Haydn-Wohnhaus in einem stillen Seitengässchen der belebten Mariahilfer Straße ist ein verstecktes Juwel. Relativ klein, dafür aber mit großer Atmosphäre.

Joseph Haydn war schon zu Lebzeiten populär und hoch angesehen. Die Jahre, in denen sein Ruhm den Höhepunkt erreichte, verbrachte er in seinem Haus in Wien, im Vorort Gumpendorf. Dort machten ihm illustre Gäste aus dem In- und Ausland ihre Aufwartung. Und dort erlaubt eine Dauerausstellung Besuchern heute Einblicke in sein privates Umfeld.

Wie steinig der Weg Haydns zum Erfolg war, lässt sich aus seinem Lebenslauf erahnen. Geboren 1732 in Rohrau, wurde er mit elf Jahren Chorknabe im Stephansdom und erhielt später als »freier Musiker« 1757 eine erste Anstellung bei Graf Morzin. Vier Jahre später trat er schließlich in den Dienst der Fürsten Esterházy in Eisenstadt ein. Er wurde erster Kapellmeister, komponierte Symphonien, Opern, Messen, Streichquartette und Sonaten, lebte in Eisenstadt aber so sehr im Abseits, dass er nicht einmal von der Französischen Revolution erfuhr.

Missbrauchte Notenblätter

Im Jahr 1790 starb sein Brotgeber Fürst Nikolaus Esterházy, und dessen Nachfolger hatte kein Interesse an Musik. Er schickte Haydn in Pension – und dieser stand plötzlich ohne feste Anstellung da. Eine erste Reise nach England verhalf ihm zu einem kleinen Vermögen, und so konnte er 1793 das Haus in der »einsam stillen Lage« in Gumpendorf kaufen, das er später aufstocken ließ.

Das Erdgeschoss war Bediensteten vorbehalten, den ersten Stock bezog Haydn noch mit seiner herrschsüchtigen und bigotten Gattin Maria Anna, die von Musik nichts verstand und die Notenblätter ihres Mannes als Backpapier oder Lockenwickler verwendete. Nach einem heftigen Streit brachte sie Haydn in Baden unter.

Nunmehr ungestört und in Frieden, schuf Haydn in Gumpendorf seine berühmtesten Meisterwerke, darunter die großen Oratorien »Die Schöpfung« und »Die Jahreszeiten«. Seine Popularität und sein Ansehen waren zu diesem Zeitpunkt auf einem Höhepunkt, er galt als berühmtester Komponist des Kontinents. In seinem Haus empfing er illustre Besucher aus dem In- und Ausland. Und das, obwohl ihm das Alter schwer zusetzte. »Hin ist alle meine Kraft, alt und schwach bin ich«, notierte er auf seiner letzten Visitenkarte. Er starb Ende Mai 1809 während der französischen Besetzung Wiens im Alter von 77 Jahren. Napoleon ließ vor dem Sterbehaus eine Ehrenwache aufstellen.

← In der letzten Wohnstätte des berühmten Komponisten informiert eine Dauerausstellung über Haydns Arbeit, seine Zeit und seine letzten Lebensjahre.
↓ Edel relaxen im Hammam Aux Gazelles

INFO

JUNGBRUNNEN BEI AUX GAZELLES

Hinein mit Blei an den Füßen, heraus leichtfüßig wie eine Gazelle und mit babyweicher Haut: Das Hammam im Aux Gazelles unter der Rahlstiege gleich am Anfang der Mariahilfer Straße ist ein orientalischer Jungbrunnen. Ein Ort, wie geschaffen, um im Dampfbad oder im Salon de Beauté und danach bei einem Glas Pfefferminztee im Salon de Thé dem Alltagsstress Paroli zu bieten. Köstlichkeiten der marokkanisch-mediterranen Küche lassen sich im Restaurant mit Deli, Cocktailbar, Club Restaurant, im Café oder auf der Terrasse unter der Stiege genießen.

WEITERE INFORMATIONEN

wienmuseum.at
auxgazelles.mytreatwell.at

23

MÖBELMUSEUM

RENDEZVOUS MIT DER VERGANGENHEIT

Gut 170 000 Objekte, vom Spucknapf bis zum Thron: Das ursprünglich von Kaiserin Maria Theresia gegründete Hofmobiliendepot wurde nach umfangreichen Umgestaltungen vor einigen Jahren zum Möbelmuseum und damit zu einem der größten und modernsten Museen für Wohnkultur. Weltweit.

Es ist eine Rarität unter den Sehenswürdigkeiten Wiens und ein Geheimtipp, der auf keinen Fall versäumt werden sollte: Das Möbelmuseum gewährt Einblicke in drei Jahrhunderte Wohnkultur. Darunter die größte Biedermeiersammlung, kaiserliche Gebrauchsgegenstände vom Thron bis zum Vogelkäfig, und komplette, von den hauseigenen Werkstätten liebevoll renovierte Raumensembles. Gezeigt werden auch Arbeiten der Pioniere der Wiener Moderne wie Josef Hoffmann, Adolf Loos und Otto Wagner oder des Architekten Ernst A. Plischke.

Rumpelkammer der Monarchie

Es war im Jahr 1747, als sich Kaiserin Maria Theresia dazu entschloss, einmal ordentlich aufzuräumen. »Bescheidenere Haushaltsführung« lautete die Devise. Also bestellte sie einen Hofmobilien-Inspektor und betraute ihn damit, die riesigen Möbelbestände des kaiserlichen Haushalts zu inventarisieren, zu pflegen und für eine straffe Organisation der Übersiedlung in die Sommerresidenzen zu sorgen.

Unter Kaiser Franz II. (I.) erhielt dieser Hofdienst später die Bezeichnung Hofmobilien-Direktion, war auch für den Neuankauf von kaiserlichem Mobiliar zuständig und hatte ein Depot zu verwalten. Denn war es bisher üblich, Möbel, die bei Hof nicht mehr gebraucht wurden, ans Personal abzugeben oder zu versteigern, sie wanderten nun ins Depot. In dieser »Rumpelkammer der Monarchie« staubten Möbel und Gebrauchsgegenstände romantisch vor sich hin.

Knapp nach der Jahrhundertwende war Kaiser Franz Joseph an der Reihe, Ordnung zu schaffen. Er ließ in der Mariahilfer Straße 88, also auf halbem Weg zwischen der Hofburg und Schloss Schönbrunn, ein zentrales Lager für Mobiliar errichten, das gerade nicht in Gebrauch war, das k. u. k. Hofmobiliendepot. Dieses »Magazin« hatte zwar weitläufige Lagerräume, in denen tausende Objekte ein trauriges Dasein fristeten, ein ruhiger Ort war es aber nicht. Ganz im Gegenteil. Dem Depot waren Werkstätten und Wagenremisen angeschlossen, in denen Scharen von Handwerkern arbeiteten. Tapezierer, Schlosser, Tischler und Vergolder, alles Fachkräfte der ersten Wahl.

Mit dem Untergang der Donaumonarchie ging der hofärarische Möbelbestand in den Besitz der Republik über. Jetzt hatte das Depot Repräsentationsbüros wie das des Bundespräsidenten, Botschaften im Ausland oder die Sissi-Filme mit Möbeln auszustatten – an Letzteres erinnert die Dauerausstellung »Sissi im Film«.

→ Einer der Höhepunkte des Museums: das Ägyptische Kabinett, das sich Kaiserin Maria Ludovika 1810 einrichten ließ

Im Jahr 1924 wurde im Bundesmobiliendepot, wie der neue Name lautete, zwar eine Schausammlung eröffnet, die stilkundlich gegliedert als Vorbildersammlung für Handwerker diente, dann aber fiel es in eine Art Dornröschenschlaf.

Er dauerte bis zum Jahr 1993. Da begann die Generalsanierung: Architekt Alessandro Alverà, damals Lehrbeauftragter an der Universität für angewandte Kunst in Wien, schuf aus einem drei Komplexe umfassenden Areal ein homogenes Ganzes. Mit modernen, lichtdurchfluteten Aufgängen und klaren, hellen Ausstellungsräumen auf 6000 Quadratmetern Fläche. 1998 wurde das weltweit größte Museum für Wohnkultur eröffnet. Mit der weltweit größten Biedermeiersammlung und so vielen Sesseln, dass sich ein Fußballstadion damit füllen ließe.

Die Biedermeiersammlung räumt übrigens mit einem Klischee auf. Klein, eng, zurückgezogen, schlicht und bescheiden, das sind Begriffe, die heute oft mit diesem Stil assoziiert werden. Wenn überhaupt, dann trifft dies nur für eine relativ kurze Zeit dieser Epoche zu. Sonst war das Biedermeier um vieles ausgeflippter als sein Ruf und alles andere als brav und bieder. Kühn geformte und geschwungene Sitzmöbel, großgemusterte Stoffe und Tapeten lagen damals im Trend.

Habsburger ganz persönlich

Besucher des modernen Möbelmuseums finden zahlreiche Originalmöbel der Habsburger vor. Zu den Highlights zählen das Ägyptische Kabinett, das sich Kaiserin Maria Ludovika in der Hofburg einrichten ließ, und der kostbare Schreibtisch Maria Theresias. Dazu Skurriles, Sinnliches und Eigenwilliges, das die Vergangenheit lebendig macht wie die Unzahl hocheleganter Spucknäpfe, Leibstühle und Nachtgeschirre. Alle bestens geeignet, einen Einblick in das Leben bei Hof zu geben.

Alltagsgegenstände wie diese sind mehr als leblose Dinge. Sie sprechen offen von Freude und Leid, Schmerz und Tragik. So lässt der »Radsessel« die Qualen von Kaiserin Elisabeth Christine erahnen, der zur Erhöhung ihrer Fruchtbarkeit so lange Esskuren und Rotwein verordnet wurden, bis sie im Rollstuhl landete. Rudolfs prachtvolle Wiege hingegen erinnert an den Jubel über die Geburt des Thronfolgers – und das Sterbebett aus Mayerling an seinen schaurigen Tod. Sisis Waage verrät ihren übertriebenen Schönheitskult, und Maximilians schlichter Transportsarg bezeugt den zerbrochenen Traum vom mexikanischen Kaiserreich. Dass im Hause Habsburg nicht alles tragisch war, beweist der Käfig für die Kanarienvögel »Bibi« und »Büberl« von Franz II. (I.): Auch Kaiser konnten sich von Vogelgezwitscher bezaubern lassen!

↗ Im Museum gibt es genügend Stühle, um mehrere Schlösser zu füllen.
↖ Die prachtvolle Wiege Rudolfs lässt die Freude über die Geburt des lang ersehnten Thronfolgers erahnen.
← Der Radsessel von Kaiserin Elisabeth Christine – nach etlichen Kuren konnte sie nicht mehr gehen.

INFO

SILBER VOM FEINSTEN

Gleich ums Eck vom Möbelmuseum, in der Zieglergasse, wird im wahrsten Sinn des Wortes gefeilt und gehämmert, geschliffen und poliert: Jarosinski & Vaugoin ist einer der wenigen Traditionsbetriebe, in denen noch Handwerk, Individualität und höchste Qualität Priorität haben. Wer einen Sinn für Luxus hat, ist in dieser Silberschmiede goldrichtig, denn sie ist eine wahre Wunderkammer für edle Produkte. Der Bogen reicht von atemberaubend schönen Gebrauchsartikeln, Schmuck und Tafelsilber zu 200 Besteckmustern von Barock bis Jugendstil.

WEITERE INFORMATIONEN

In der nahen Otto-Bauer-Gasse blüht nach dem Umbau der Mariahilfer Straße zur Begegnungszone das urbane Leben. Abseits vom Trubel laden kleine Läden und Lokale zum Bummeln und Genießen ein. So bieten Yummyaki asiatisches Fast & Healthy Food, die Kaffeefabrik Bio-Kaffee aus eigener Rösterei, L'Amour du Pain französisches Gebäck, das »Wunderbar« Mode, Schmuck und handgefertigte Unikate und das »Répertoire« schön schräge Sachen. Aber das ist noch lange nicht alles!
moebelmuseumwien.at
otto-bauer-gasse.at

Bei Jarosinski & Vaugoin werden in Handarbeit edle Silberwaren gefertigt – wie damals.

24

PIARISTENKIRCHE

BAROCKSCHATZ DER JOSEFSTADT

Schon allein der weite Platz vor der Kirche, in dessen Mitte sich eine wunderschöne Mariensäule erhebt und den zur Straße hin zahlreiche Gastgärten säumen, ist ein ganz besonderer Ort. Dabei gibt es die eigentliche Sensation in der Kirche selbst zu entdecken: die einzigartigen barocken Deckenfresken.

Wer beim Theater in der Josefstadt in die Piaristengasse einbiegt, gelangt bald auf einen weiten Platz mit Gastgärten. Weil in Wien nicht alles so der Logik folgt wie in anderen Städten, gehören sie aber nicht zu den direkt gegenüber gelegenen Lokalen, sondern werden sozusagen über Kreuz versorgt – um dem Personal zu mehr Fitness zu verhelfen, vermutlich. Diese Laune des Wienerischen darf zwar als etwas Besonderes gelten, die eigentliche Sehenswürdigkeit des Platzes ist aber die Piaristenkirche mit ihrer leicht vorgewölbten Fassade. Ihre Anfänge liegen in der Schmerzenskapelle des Ordens der Piaristen, die sich 1697 in Wien angesiedelt hatten und in der Josefstadt ein Gymnasium unterhielten.

Das Gnadenbild dieser Kapelle schuf der Maler Josef Herz. Er war 1713 an der Pest erkrankt und hatte gelobt, im Fall seiner Genesung nach Rom zu pilgern und im dortigen Haupthaus der Piaristen eine Kopie des Bildes der »Muttergottes von den frommen Schulen« anzufertigen. Als die Kirche später nach Plänen von Johann Lucas von Hildebrandt errichtet wurde, übersiedelte das Gnadenbild, das nun »Maria Treu« genannt wurde, von der heutigen Schmerzenskapelle in die neue Kirche.

Die ganz großen Themen

Auf den ersten Blick irritiert der Innenraum der Kirche. Der komplizierte Grundriss besteht aus einem kreuzförmigen Zentralraum, der ein fast kreisförmiges Oval mit flacher Kuppel bildet. Gerade diese Kuppel aber verdient eine längere Betrachtung. Die Maler jener Zeit schufen monumentale Allegorien von Glaube, Liebe, Hoffnung, Krieg und Frieden. Sie füllten die meist weiten Himmelsräume gern mit Wolken und Engeln, Heiligen und Helden. Ganz in diesem Sinn gestaltete Franz Anton Maulbertsch, einer der bedeutendsten Maler des Spätbarocks, ab 1752 die fünf Kuppelfresken. Ihr spektakuläres Zentrum bildet die in fantastischen Farben gehaltene Aufnahme Mariens in den Himmel mit zahlreichen, fließend ineinander verschlungenen Figuren und Szenen aus dem Alten Testament am Rand.

Eine Besonderheit ist auch die Orgel aus der Mitte des 19. Jahrhunderts. Auf ihr legte Anton Bruckner laut einer 1961 angebrachten Gedenktafel 1861 seine Kompositionsprüfung ab. Dank dieser Orgel verliehen große Organisten wie Carl Führich oder Hans Rott Gottesdiensten geradezu himmlische Klänge.

↙ Der Blick gen Himmel bezaubert: mit den berühmten Kuppelfresken von Anton Maulbertsch.
↓ Der Platz vor der Kirche gilt als einer der schönsten der Stadt.

INFO

DAS HUTMUSEUM

Im einstmals klösterlichen Weinkeller des heutigen Piaristenkellers gibt es mehr zu entdecken als nur Speis und Trank. Das Kaiser Franz Josef Hutmuseum zeigt Kopfbedeckungen der feinen Gesellschaft und Ergänzungen der prunkvollen Uniformen des Heeres aus der Zeit von 1850 bis 1895. Während der Führung dürfen Kopfbedeckungen aus der »guten alten Zeit« auch aufgesetzt werden. Die k. u. k. Weinschatzkammer stellt Raritäten aus drei Jahrhunderten und dazu Tafelgerät aus dem Privatbesitz von Kaiserin Sisi aus. Edle Tropfen kann man im historischen Weinkeller verkosten.

WEITERE INFORMATIONEN

piaristenkeller.at

25

JUMIVERSUM

EINE MILCHSTRASSE AUS KÄSESTERNEN

Als »kleiner Satellit im Jumiversum« bezeichnet sich der feine Laden in der Lange Gasse. Zu Recht, denn die »wilde Crew aus dem Emmental«, wie sie sich selbst nennt, hält für Feinschmecker eine Bandbreite an eidgenössischen Käse-Delikatessen bereit, die an die galaktische Unendlichkeit erinnert.

Die Fußgängerzone der Lange Gasse allein ist schon einen Spaziergang wert, wer aber sein gelbes, weißes oder blaues Wunder erleben möchte, sollte vor der Hausnummer 28 anhalten, bei Jumi. In diesem kleinen Käseladen mit Discokugel, der alles ist außer gewöhnlich, gibt es kreative Rohmilchkäse-Sorten von hart bis weich, von »schiach bis wüd«. Auf jeden Fall aber Kreationen abseits jeglicher Käsekonventionen wie das Hanfmutschli mit Hanföl und geröstetem Hanfsamen für den Knuspereffekt.

Hinter der Crew, die es sich zum Ziel gesetzt hat, mit ihrem Kleinlabel aus dem Emmental auch die Wiener Käseszene bunter und würziger zu gestalten, stehen Clemens Castan, halber Franzose und Käseafficionado aus Freiburg, und der Wiener Veit Watzal, ehedem Organisator von Kongressen. Die beiden importierten die Idee der Gründerväter der coolen »Jumi-Gäng«, Jürg Wyss und Mike Glauser, die schon die Schweizer und die Londoner Käseszene ordentlich aufgemischt hatten. Castan und Watzal begannen 2015 damit, die in drei eidgenössischen Käsereien hergestellten kreativen Rohmilchkäse auch in Wien zu vermarkten. Auf Märkten zuerst, dann in einem winzigen Elektro-Laden gegenüber und seit 2017 schließlich in einer ehemaligen Galerie.

Käse jeglicher Couleur

Elektrisierend ist der Laden auch heute noch. In einer Wolke von Wohlgerüchen liegt, steht und türmt sich Käse. Von Hart- über Halbhart- bis hin zu Weich-Rohmilchkäse aus Milch von der Kuh, der Ziege oder Schafen. In riesigen Laiben und liebevoll verpackten Laibchen, aufgeschnitten und in Regale geschlichtet. Junge bis alte Sorten wie der Après Soleil, der neun Monate in einem dunklen Keller und drei Monate in einem Keller mit Sonnenlicht reift. Manche mit großen oder kleinen Löchern, einige mit ein wenig, andere mit viel Schimmel wie das »Blaue Hirni« mit seiner gerunzelte Blauschimmel-Oberfläche.

So eigenwillig wie das Käse-Sortiment ist auch die Einrichtung des Ladens. Alles hat einen direkten Bezug zur Milch. Als Regalholz dienen alte Käsereife-Bretter, die Lichtinstallationen sind mit Melkmaschinen verbundene Käseringe, und die Weichkäse lagern in einem riesigen Käsekessel, in dem Emmentaler produziert wurde. Der Star unter den 30 vor Ort lagernden Sorten ist die Belper Knolle. Ein hartes Kügelchen, das wie Trüffel über die Pasta gehobelt wird. Die Geschmacksrichtung des getrockneten Frischkäses reicht von Knoblauch, über Himalaya-Salz bis zu schwarzem Pfeffer.

INFO

WUNDERSCHÖNER PAWLATSCHENHOF

Dass die Lange Gasse ursprünglich die Hauptstraße der Josefstadt war, lassen viele der alten Häuser in der heutigen Fußgängerzone erahnen. Das älteste ist das 1697 erbaute Barockhaus »Zur heiligen Dreifaltigkeit« (Nr. 34), das seinen Namen von der Sandsteingruppe über dem Hauptportal ableitet. In dem Haus war von 1701 bis 1963 ohne Unterbrechung eine Bäckerei untergebracht. Die alten Backöfen blieben auch nach der Einstellung des Betriebs erhalten. Wer vom Lokal in den Innenhof weitergeht, findet sich in einem großzügigen Pawlatschenhof wieder, sicher einer der schönsten der Stadt.

WEITERE INFORMATIONEN

jumi.wien

↖ Fröhliche Vielfalt: Bei Jumi gibt es Rohmilchkäse in allen Formen, Farben und Reifegraden.
↑ Im Grünen wohnen mitten in der Stadt

26

NARRENTURM

EIN ECHTER WIENER GUGELHUPF

Die Grüfte und Friedhöfe, das Kriminalmuseum und das Kanalsystem aus dem »Dritten Mann«, all das beweist: Wien hat einen Hang zum Dunklen, zum Gruseligen. Dazu passt auch der Narrenturm, die alte psychiatrische Anstalt. Er war früher nur schaurig. Jetzt, frisch renoviert, ist er schaurig schön.

Für Zartbesaitete ist der Narrenturm nichts. Besucher mit einigermaßen stabilem Nervenkostüm aber können in dem wohl merkwürdigsten Bau der Stadt die weltweit einzigartige Pathologisch-anatomische Sammlung entdecken, die seit über 200 Jahren der Dokumentation und Erforschung von Krankheiten dient. Die Sammlung wurde erst vor Kurzem in 19 modern gestalteten Ausstellungsräumen im Erdgeschoss des Narrenturms neu aufgestellt.

Errichtet wurde der Turm 1784 vom Architekten Josef Gerl in dem damals noch außerhalb der Stadtmauern gelegenen Areal, dem heutigen Unigelände Altes AKH. Architektonisch ohne Vorbild, war er eine der ersten psychiatrischen Kliniken weltweit. Der Rundbau, von den Wienern bald »Gugelhupf« genannt, steht für den klassizistischen Stil, aber auch für den Zeitgeist während seiner Entstehung. Alter Aberglaube hatte noch seinen Stellenwert, aber die neuen Wissenschaften begannen sich schon zu behaupten. So signalisierte der Turm einerseits Modernität, andererseits spielten auch Zahlen aus der Astrologie noch eine Rolle: 28 Zellen pro Stockwerk, das stellte die Verbindung zum Mondmonat her. Alles kein Zufall, denn noch herrschte die Meinung vor, Geisteskrankheit könne mit dem Mond zu tun haben – *Lunatics* ist im Englischen heute noch das Wort für »Wahnsinnige«.

Haarsträubende Behandlungsmethoden

Vieles im Narrenturm war bahnbrechend modern. Es gab Freigang für Patienten und relativ geräumige Zellen mit Fenstern. Das alles änderte aber nichts daran, dass die Behandlung der Patienten nach geradezu steinzeitlichen Methoden erfolgte. Aderlass, Brech- und Abführmittel sollten die verwirrten Körpersäfte wieder in Einklang bringen, es gab Zwangsjacken. Manche Menschen wurden angekettet. Der »Gugelhupf« – das Wort wurde später in Wien zum Synonym für jede psychiatrische Einrichtung – war für 139 Patienten konzipiert. Da es neben Zwangseinweisungen die Möglichkeit zur freiwilligen Behandlung gab, war die Anstalt bald heillos überfüllt. Das Gebäude erwies sich auch in Bezug auf die Platzverhältnisse und die Kanalisation als völlige Fehlplanung. 1869 stellte man den Betrieb ein. Nach Jahren des Verfalls wurde der Turm, in dem die Pathologisch-anatomische Sammlung untergebracht war, die tausende Präparate von körperlichen Krankheiten und Missbildungen umfasste, renoviert. Und er heißt, aller modernen Achtsamkeit zum Trotz, immer noch Narrenturm.

← In solchen Gängen bleibt der Orientierungssinn auf der Strecke.
↓ Der »Narrenturm«, ein schon von außen unheimlich wirkender Bau, der jahrzehntelang leer stand und verfiel

INFO

DAS ALTE AKH

Kaiser Joseph II. baute im 18. Jahrhundert das frühere Großarmen- und Invalidenhaus in ein Allgemeines Krankenhaus um. Heute ist das Alte AKH ein Uni-Campus mit Hörsälen und Instituten. In den Innenhöfen pulsiert das studentische Leben, aber nicht nur das, es ist ein richtiges *Grätzl*, ein Kiez, mit zahlreichen Cafés und Lokalen entstanden. Zu den beliebtesten zählen der »Bierheurige zum Gangl«, ein original Wiener Lokal mit klassischer österreichischer Küche, die »Kaffeepiraten« mit Bio-Kaffee und köstlichen Kuchen oder das stylische Café Telegraph, dort empfehlen sich die Eclaires.

WEITERE INFORMATIONEN

nhm-wien.ac.at/narrenturm

27

GARTENPALAIS

EIN FÜRST UND SEINE SAMMLUNG

Eine der weltweit größten Rubens-Sammlungen, zentrale Werke von van Dyck, Lucas Cranach und Raffael: Kunstschätze wie diese und dazu noch prachtvoll ausgestattete Räume, das erwartet Besucher – allerdings nur im Rahmen einer Führung – im barocken Gartenpalais Liechtenstein.

Schon der Anblick von außen beeindruckt: Wer durch das Tor in den Hof des Gartenpalais tritt, sieht sich mit einer barocken Fassade konfrontiert, die an Eleganz und Schönheit ihresgleichen sucht. Wunderschön ist auch der weitläufige Park mit uralten Bäumen, mit Sträuchern, Rasenflächen und einem Teich, der das Palais umgibt. Tagsüber öffentlich zugänglich, empfiehlt er sich als idyllischer Geheimtipp für alle, denen in der dicht bebauten Innenstadt der Sinn nach etwas Ruhe und Erholung im Grünen steht.

In dem zu Beginn des 18. Jahrhunderts erbauten Palais fasziniert als Erstes die mit rund 1000 Quadratmetern überaus weitläufige Sala Terrena. In der lichtdurchfluteten Halle steht der Goldene Wagen, den Fürst Joseph Wenzel I. 1737 aus Anlass seiner Ernennung zum kaiserlichen Botschafter am französischen Hof in Auftrag gab. Er gilt als einer der wichtigsten Prunkwagen des französischen Rokokos.

Meisterwerke im fürstlichen Palais

In den prachtvollen barocken Räumlichkeiten ist die in über 400 Jahren aufgebaute Kunstsammlung des Hauses Liechtenstein zu bestaunen, die Meisterwerke aus der Frührenaissance bis zum Hochbarock umfasst. Neben den Werken von Rubens, Rembrandt und Raffael vermittelt auch die große Vielfalt an Gemälden, Skulpturen, Möbeln, Porzellan und Tapisserien gemeinsam mit der Architektur des Gartenpalais die noble Atmosphäre eines Fürstenhauses.

Neben den Sammlungsobjekten besitzt das Gartenpalais aber noch weitere Highlights. Da ist im ersten Stock der Herkulessaal, der größte profane Barocksaal Wiens, dann die Fürstliche Bibliothek mit klassizistischem Interieur, barocken Deckenfresken sowie 100 000 Büchern aus allen Wissensgebieten vom 15. bis zum 19. Jahrhundert. Und schließlich, das Beste kommt zum Schluss, das Badminton Cabinet, ein Kabinettschrank, der 2004 bei einer Christie's-Auktion in London um 27 Millionen Euro als wertvollstes Möbelstück der Welt für die Fürstlichen Sammlungen ersteigert wurde. Das Gartenpalais Liechtenstein kann exklusiv für Veranstaltungen gemietet werden. Die Sala Terrena mit Zugang zum Garten bildet dabei einen ebenso eleganten Rahmen wie der Herkulessaalsaal mit 530 Quadratmetern Fläche. Die drei nebeneinander liegenden ehemaligen Damenappartements im Erdgeschoss ergänzen den Veranstaltungsbereich als Lounge- oder Barzone, für Musik und Tanz sowie für Kunstausstellungen.

INFO

DIE STRUDLHOFSTIEGE
Schräg gegenüber vom Palais Liechtenstein führt die Strudlhofstiege hinauf zur Währinger Straße. Diese 1910 von Johann Theodor Jäger entworfene Anlage präsentiert sich als gelungene Komposition aus Treppen, Rampen, Kandelabern und Brunnen. Literarische Berühmtheit hat sie durch den Roman gleichen Namens von Heimito von Doderer erlangt.

WEITERE INFORMATIONEN
Das Gartenpalais war mit seinen Sammlungen bis 2011 öffentlich zugänglich. Da die Besuchszahlen hinter den Erwartungen zurückblieben, ist es seither nur im Rahmen von Führungen zu sehen, die im Abstand von ca. zwei Wochen stattfinden.
palaisliechtenstein.com

← Das Prunkstück: der Goldene Wagen von Fürst Joseph Wenzel I.
↑ Die Strudlhofstiege, ein Ort der Schönheit und Literatur

Gut 100 000 Bücher aus allen Wissensgebieten vom 15. bis zum 19. Jahrhundert umfasst die Bibliothek. Faszinierend sind auch das klassizistische Interieur und die barocken Deckenfresken von Johann Michael Rottmayr.

28

DAS KABINETTTHEATER

ALLES, AUSSER LIEBLICH

Ein liebevoll begrünter Innenhof, ein Loft, zugleich Bühne, Zuschauerraum, Küche und Wohnraum, dazu als Programm eine Mischung aus Puppenspiel, Musikdarbietungen und Sprechtheater. Ein Abend im Kabinetttheater ist etwas für Gourmets der Kleinkunst. Nicht nur wegen des obligaten Schnittlauchbrots.

Aus dem Paradies wurden wir längst vertrieben, das Puppentheater aber öffnet uns die Hintertür.« Es war Heinrich von Kleist, der diese schönen Worte vor über 200 Jahren fand. Erstaunlich, kann er das Kabinetttheater in der Wiener Porzellangasse doch nicht gekannt haben. Schade eigentlich, denn der Weg ins Kabinetttheater führt tatsächlich durch die Hintertür. Oder, um genau zu sein, zuerst durch eine Hauseinfahrt und vorbei an einer Autowerkstatt bis zu einem Gittertor. Aber dann, gleich um eine Ecke, ist es plötzlich da, das kleine Paradies. Ein gepflegter Garten, in dem sich Wilder Wein, hierzulande Veitschi genannt, die grauen Mauern hochrankt und in dem es in Rabatten grünt und blüht.

Das ursprünglich 1989 von Julia Reichert und Christopher Widauer in Graz gegründete kleine, feine Theater übersiedelte schon 1994 in die loftartigen Räumlichkeiten an der Rückwand der Liechtensteiner Parkmauer, die zugleich Wohnung, Atelier, Proberaum, Bühne und Zuschauerraum sind. In ihnen entführen bewegliche Puppen, eigenwillige Objekte und Materialien, Livemusik und Lichteffekte das Publikum in eine ganz besondere Welt der Fantasie. Bizarr und überraschend manchmal, dann wieder doppelbödig und absurd, auf keinen Fall aber lieblich, wie die ursprünglich aus München stammende Julia Reichert betont.

Stücke mit Anspruch

Das Repertoire umfasst Texte, die eher nicht für die große Bühne gedacht waren. Minidramen, deren Charme in der Verknappung liegt, die oft alle Regeln des Theaters sprengen und wie geschaffen scheinen für die wilden Fantasien der Puppenspieler. Ihr Witz gründet häufig darauf, dass das Figurentheater die Sprache genauer beim Wort nimmt, als es ein reines Schauspielertheater vermag. Zur Aufführung kommen Arbeiten der Expressionisten, Dadaisten, der russischen Avantgarde und zeitgenössischer Autoren. Inszenierungen kurzer Stücke, basierend auf Theatertexten von H. C. Artmann, Konrad Bayer, Wolfgang Bauer oder des russischen Dichters Daniil Charms.

Der Fixstern im Repertoire ist das jedes Jahr wiederkehrende »Krippenspiel. Concert bruitiste, den Evangelientext begleitend« von Hugo Ball. Im Eintrittspreis inkludiert ist nicht wie sonst üblich das Schnittlauchbrot, das nach der Vorstellung gereicht wird, sondern ein herrlich duftender Bratapfel. Auch er ein besonderer, genau auf die Jahreszeit abgestimmter Genuss.

← Bühne und Zuschauerraum gehen im Ateliertheater ineinander über – auch das ein Grund für die besondere Atmosphäre.
↓ Das Krypt, Wiens schickste unterirdische Bar

INFO

DAS KRYPT
Kaum zu glauben, was in Wien unter der Erde so alles los ist. Da führt in der Wasagasse ein schmaler Treppenabgang tief hinunter in ein 250 Quadratmeter großes historisches Kellergewölbe mit der schickstan unterirdischen Bar der Stadt. Einst angeblich ein halblegaler Jazzclub, präsentiert sich das Gewölbe mit seiner sieben Meter langen Theke aus Marmor und Nussholz heute perfekt durchgestylt. Wer lieber nicht im Blickpunkt steht, findet in Nischen und Sitzlounges Rückzugsmöglichkeiten – auch, um die ausgefallenen Cocktails zu verkosten.

WEITERE INFORMATIONEN
kabinetttheater.at
krypt.bar

29

JÜDISCHER FRIEDHOF

BERÜHRENDES AM ALSERGRUND

Der Wiener liebt das Leben. Also liebt er auch den Tod, die andere Seite des Lebens. Nirgends zeigt sich diese Beziehung, diese ewige Liebe, so deutlich wie in der Seegasse am Alsergrund. Dort liegt der älteste jüdische Friedhof der Stadt im Innenhof eines Seniorenheims.

Gassel allwo der Juden Grabstätte«, so wurde die heutige Seegasse noch zu Anfang des 17. Jahrhunderts genannt. Damals lag das Sträßchen, das seinen Namen später nach einem dort befindlichen Nebenarm der Donau erhielt, einer Fischlacke, noch weit außerhalb der Stadtmauern. Ein stiller, abgelegener Ort, ideal geeignet für die Anlage eines Friedhofs. Das hat sich mittlerweile entscheidend geändert.

Im Alsergrund, Wiens 9. Bezirk und ein eng verbautes Gebiet, trifft Eleganz auf Gemütlichkeit. Auch die Seegasse im Bezirksteil Rossau ist eine ruhige, von schönen Wohnhäusern der Gründerzeit gesäumte Gasse. Nur die Nummer 11 sticht mit ihrer modernen Fassade hervor: Es ist ein großes Seniorenheim, Teil der Wiener »Häuser zum Leben«.

Der Nebeneingang des Seniorenheims führt in den rund 2000 Quadratmeter großen Innenhof mit dem ältesten Friedhof der Stadt. Angelegt wurde der jüdische Friedhof bereits im 15. Jahrhundert. Im Jahr 1670, als es unter Kaiser Leopold I. zur Vertreibung der jüdischen Stadtbevölkerung kam, war auch der Friedhof bedroht. Die Bankiersbrüder Isaak, Israel und Enoch Fränkel aber zahlten 4000 Gulden und erreichten so, dass der Friedhof »auf ewige Zeiten« vor Zerstörung bewahrt blieb.

Alle Inschriften auf Hebräisch

Die »ewigen Zeiten« endeten 1783, als Kaiser Joseph II. generell die Nutzung von Friedhöfen innerhalb des Linienwalls, des heutigen Gürtels, verbot. Also wurde für die Jüdische Gemeinde ein Friedhof in Währing angelegt. Der Friedhof in der Seegasse blieb unangetastet; bis ihn die Nazis 1941 schleifen ließen und Zwangsarbeiter dazu verpflichteten, Grabsteine an Ort und Stelle und am Wiener Zentralfriedhof zu vergraben.

In den 1980er-Jahren wurden 280 der ursprünglich 931 Grabsteine am Zentralfriedhof entdeckt und an ihren alten Platz zurückgebracht. 108 Grabsteine in den Wandnischen der Einfriedungsmauer, 237 aufgefundene Steinmonumente im Gräberfeld sowie rund 130 Objekte und Fragmente vom Wiener Zentralfriedhof wurden bisher und werden noch in den nächsten Jahren restauriert. Zu den Highlights zählen die Nachbildung der Grabanlage des berühmten Rabbiners Samson Wertheimer, einst wichtigster Kreditgeber von Kaiser Leopold I., und der sorgfältig restaurierte Grabstein von Rabbi Sabbatai Scheftel.

← Ältester Friedhof der Stadt: der jüdische Friedhof im Innenhof des Seniorenheims Haus Rossau in der Seegasse
↓ Viele der Grabsteine wurden restauriert.

INFO

CLUB-KLÄNGE
Auf elektronische Musik erster Güte hat sich der Club Grelle Forelle am Donaukanal spezialisiert. Auf zwei Floors sorgen House, Techno und Minimal und dazu das extra für den Club entworfene Sound- und Lichtsystem für eine spezielle Atmosphäre. Freitag und Samstag legen internationale DJs auf, das garantiert regelmäßig ein volles Haus.

WEITERE INFORMATIONEN
Der Eingang zum Friedhof erfolgt nicht durch den Haupteingang des Seniorenheims, sondern durch die Tür Seegasse 9. Zutritt ist Montag bis Donnerstag von 8–16 und Freitag von 8–15 Uhr.
wien.gv.at
grelleforelle.com

Sisis Turnzimmer in der Hermesvilla, gedacht für die gymnastischen Übungen der sportlichen Kaiserin

RAND-BEZIRKE

Modernes Betonchaos, Jugendstil-Juwele und himmlische Ausblicke

30

DAS AMALIENBAD

EINE KATHEDRALE DER HYGIENE

Es ist monumental und ein architektonisches Highlight in lupenreinem Art-déco-Stil: das Amalienbad am Reumannplatz. Einst die größte und modernste Badeanstalt Mitteleuropas und ein Prestige-Projekt des »Roten Wiens«, ist es heute aufwändig renoviert und absolut sehenswert.

Müde vom vielen Sightseeing? Schmerzende Füße? Genug von Museen, Kirchen und der Hofburg? Dann wäre vielleicht etwas Entspannung und Erholung angesagt. Das Amalienbad am Reumannplatz (Station der U-Bahnlinie U 1) bietet sich dafür an. Sportlichen stehen dort sechs Bahnen im 33,3 Meter langen Sportbecken zur Verfügung, dazu gibt es ein Dampfbad, einen Saunabereich inklusive Whirlpool und Infrarotkabine und einen kleinen Spa-Bereich.

Das Amalienbad beeindruckt schon von außen: Riesengroß erhebt es sich mit seiner vielfach gegliederten Fassade und den großen Skulpturen vom belebten Reumannplatz. Im Inneren faszinieren die vielen in Blau- und Grüntönen gehaltenen Mosaike, die elegante Art-déco-Einrichtung und die farbigen Glasdächer.

Erbaut wurde das Amalienbad in den Jahren 1923 bis 1926. Es war von Anfang an ein ehrgeiziges Projekt des »Roten Wiens« – mit echten Sensationen wie der großen Schwimmhalle, die mit Tribünen und einem beweglichen Glasdach ausgestattet war. Da zu jener Zeit nur wenige Wohnungen Badezimmer besaßen, gab es auch Brause- und Wannenbäder – und Platz für 1300 Besucher.

Proletarische Namensgeberin

Noch während der Bauzeit wurde der Platz, auf dem sich das neue Bad wie eine massive Burg erhebt, nach dem ersten Arbeiterbürgermeister in »Reumannplatz« umbenannt. »Früher, da hießen in Favoriten die Plätze nach den Mitgliedern der Familie Habsburg«, schrieb die Arbeiter-Zeitung. »Jetzt gibt es einen Viktor-Adler-Platz, einen Reumannplatz und ein Amalienbad, das nicht nach einer Erzherzogin benannt ist, sondern nach einer Arbeiterin.« Gemeint war Amalie Pölzer, eine Weißnäherin aus Favoriten, die es zur Gemeinderätin gebracht hatte und mit einem Nationalratsabgeordneten verheiratet war.

Bürgermeister Karl Seitz eröffnete das Bad mit den Worten: »Man hat vor allem gesagt, warum baut man dieses Bad weit draußen in einem Proletarierbezirk? Darauf antworte ich: Ja, just in diesem Proletarierbezirk haben wir dieses Bad gebaut, um inmitten dieser alten Häuser auch ein Stück Schönheit aufzubauen, weil wir wollen, daß Körperkultur in die breitesten Massen des Volkes dringe. Es soll hier deutlich gezeigt werden, daß der arbeitende Mensch der Luft, des Lichtes und des Wassers bedarf.«

INFO

EISSALON TICHY
Der Reumannplatz wartet neben dem Amalienbad mit einer zweiten Sensation auf, dem Eissalon Tichy. Ursprünglich 1952 in einem Kellerlokal in Simmering zur Versorgung der dortigen Schrebergärtner gegründet, übersiedelte der Familienbetrieb 1955 an den Reumannplatz und erlebte bald einen kometenhaften Aufstieg. An Spitzentagen wird es dort bis zu 10 000 Schleckermäulchen warm ums Herz. Lieblingsschmankerl sind die Eismarillenknödel.

WEITERE INFORMATIONEN
Mit der Saisoneröffnung Mitte März läutet Tichy den Wiener Frühling ein,
tichy-eissalon.at
stadt-wien.at

← Sechs Bahnen hat die Schwimmhalle unter dem gewölbten, 14 Meter hohen Glasdach.
↑ Das Amalienbad präsentiert sich am Reumannplatz als eleganter Art-déco-Bau.

31

ANKERBROT

DIE BROTFABRIK ALS KULTURAREAL

Die Ankerbrot-Fabrik in Favoriten versorgte Wien jahrzehntelang mit Brot und Gebäck. Seit einigen Jahren liefert sie auch geistige Nahrung. Um die beiden großen Innenhöfe des Industriebaus haben sich Ateliers, Galerien, Agenturen und Schauräume angesiedelt. Ein lohnendes Ziel für Kunstinteressierte.

Durch Galerien spazieren, moderne Kunst und Fotografie betrachten, Auktionen verfolgen oder nach Vintagemöbeln stöbern: Die Ankerbrot-Fabrik ist für all das der richtige Ort. Neuerdings, denn das war nicht immer so. Die Geschichte von »Anker-Brot« reicht bis 1891 zurück, als die Brüder Heinrich und Fritz Mendl, »Commissionswarenhändler«, in Favoriten eine in Konkurs gegangene Bäckerei erwarben. Als Markenzeichen wählten sie den Anker, das Symbol für Vertrauen und Sicherheit, und damit lagen sie richtig. Das Unternehmen erfreute sich bald großer Beliebtheit. Um 1900 entstand der erste Teil des heutigen Backsteinbaus, in dem um 1914 bereits 1300 Mitarbeiter Brot backten.

In den folgenden Jahren trug die Großbäckerei wesentlich zur Versorgung der Wiener bei. Vor allem in den Notzeiten nach dem Ersten Weltkrieg, denn die Mendls hatten in weiser Voraussicht Getreidefelder erworben und zusätzlich Getreide eingekauft. Um 1920 wurden täglich 150 Tonnen Brot und Gebäck produziert.

Eine echte Institution

»Worauf freut sich der Wiener, wenn er vom Urlaub kommt? Auf Hochquellwasser und Ankerbrot.« Der Werbespruch zeigt die Bedeutung des Unternehmens in den 1930er-Jahren. Während der Nazi-Herrschaft wurde Ankerbrot arisiert, und die Familie Mendl musste flüchten, sie konnte nach dem Krieg aber zurückkehren, die schwer beschädigte Fabrik wieder in Betrieb nehmen und dank Mehllieferungen aus der Sowjetunion ein Notprogramm zur Versorgung Wiens starten. In den folgenden Jahren wurde die industrielle Brotproduktion perfektioniert, die vollautomatische Mischung der Rohzutaten oder die Sauerteiganlage waren revolutionäre Neuerungen.

Ab den 1970er-Jahren änderten sich die Eigentümerverhältnisse mehrmals – bis 2009 stillgelegte Teile der alten Fabrik verkauft wurden. In unmittelbarer Nähe zu der weiter bestehenden Produktion der Ankerbrot AG revitalisierte man den historischen Teil des Fabriksgeländes und funktionierte ihn um. Sechs Jahre dauerten die Bauarbeiten, bis auf 17 000 Quadratmetern das Kulturareal Brotfabrik Wien entstand, mit Kunstgalerien, Ateliers, Büros kreativer Firmen, Schauräumen und Theaterprojekten. Darunter die Galerie Hilger Next, Ressler Kunst Auktionen, die AnzenbergerGallery, das Lerncafé, Interstuhl Büromöbel, der Kunsthandel Lichterloh oder die Galerie für Fotografie Ostlicht.

← Die Ankerbrot-Fabrik: Früher versorgte sie Wien mit Brot, heute mit Kunst und Kultur.
↓ Der Bookshop in der AnzenbergerGallery

INFO

DIE ANZENBERGERGALLERY
Regina Maria Anzenberger, die seit 1989 mit ihrer Agentur Fotografen international vertritt und Medien wie *The New York Times*, *National Geographic* oder *Vogue* zu ihren Kunden zählt, hat sich nach Jahren im Bereich der redaktionellen Fotografie einen Herzenswunsch erfüllt. Sie gründete 2002 in einem Loft die AnzenbergerGallery für zeitgenössische Fotografie und Fotografie-basierte Kunst. Dort gibt es auch einen Bookshop mit oft signierten, handgemachten oder anderswo vergriffenen Büchern.

WEITERE INFORMATIONEN
brotfabrik.wien
anzenbergergallery.com
ostlicht.org

32

BÖHMISCHER PRATER

KLEINER PARK, GROSSER SPASS

Der große Wiener Prater im Klein-Format, so könnte man den Böhmischen Prater am Laaer Berg nennen. Klein ist aber nur seine Fläche, enorm hingegen der Spaß, den Besucher jeden Alters dort erleben. Auf Attraktionen, die zum Teil schon viele Generationen von Kindern begeistert haben.

Das Riesenrad ist nicht riesig, Hightech-Attraktionen und Doppel-Looping-Bahnen gibt es nicht. Stattdessen aber eine lange Fußgängerzone, die noch ein echter Vergnügungspark ist. Mit vielen Fahrgeschäften und bunten Attraktionen, die schon Jahrzehnte auf dem Buckel haben – und die Kinderaugen nach wie vor zum Leuchten bringen.

Der Böhmische Prater entstand in der zweiten Hälfte des 19. Jahrhunderts. Zu einer Zeit, als ganz Wien eine riesige Baustelle war, weil anstelle der alten Stadtbefestigungen die pompösen Bauten der Ringstraße entstanden, die vielen Palais und Museen. Damals strömten tausende Menschen aus den ehemaligen Kronländern in der Hoffnung auf Arbeit und Lohn in die Donaumetropole. Vorwiegend aus Böhmen und Mähren stammten auch die Beschäftigten der Wiener Ziegelwerke, die »Ziegelböhm«, die auf dem Laaer Berg schufteten.

Am Anfang stand eine Werkskantine

In unmittelbarer Nähe zur großen Ziegelfabrik im Werk »Laaer Wald« betrieb der Wirt Franz Bauer eine Werkskantine. Sie entwickelte sich rasch zu einem Ausflugsgasthaus. Den Zulauf wusste der gewiefte Kantineur zu nutzen. Er stellte eine Kinderschaukel auf und später auch ein Ringelspiel. Das machte Schule. Bis zum Jahr 1883 hatten sich bei dem beliebten Ziel für Sonntagsausflügler schon zahlreiche Schausteller angesiedelt, auch sie hauptsächlich aus Böhmen und Mähren, und als dann noch Wirtshäuser entstanden, die böhmisches Bier und Essen boten, war der Vergnügungspark fertig: der Böhmische Prater.

Der kleine, beschauliche Vergnügungspark erfreute sich in der Zwischenkriegszeit großer Beliebtheit. Hier trafen sich sonntags vorwiegend Böhmen, es gab Blasmusik und Tanzböden, auf denen sich Paare zu heimischen Weisen drehten, und jede Menge Attraktionen für Kinder. Der Zweite Weltkrieg setzte dem Böhmischen Prater schwer zu. Nur wenige Wochen vor Kriegsende, am 11. Dezember 1944, zerstörte ein Bombenangriff den Vergnügungspark nahezu vollständig. Alles lag in Trümmern, die Wirtshäuser ebenso wie die bunten Spielgeräte für die Kinder.

Der Böhmische Prater hielt durch

So schwer der Böhmische Prater auch getroffen war, er ging nicht unter. In den Nachkriegsjahren wurde er wieder aufgebaut, langsam und behutsam. Einige der alten

← Hightech hat sich im Böhmischen Prater noch nicht durchgesetzt, das ist ein Glück. Hier haben Kinder noch Spaß wie früher.

Fahrgeschäfte wie die dicke große Raupe hatten überlebt und mussten nur repariert werden. Weitere wurden neu errichtet, so entstand 1988 das Riesenrad. Anders als sein großer Bruder im innerstädtischen Prater hat es zwar nur einen Durchmesser von 21 Metern und 14 kleine Gondeln, dafür ruht seine Nabe bloß auf einer einzigen Stützkonstruktion.

Insgesamt präsentiert sich der kleine Vergnügungspark heute beschaulicher und gemütlicher als der Wurstelprater mit seinen unzähligen schrillen Attraktionen. Den Mittelpunkt des Böhmischen Praters bildet das Veranstaltungszentrum Tivoli, in dem das ganze Jahr über diverse Veranstaltungen stattfinden. Mit dem Park Hrabalek hat sich Ernst Hrabalek, ein Favoritner mit böhmischen Wurzeln, einen Jugendtraum erfüllt. In seinem Hutsch'n Bräu ist die Bierbrauanlage in Schauvitrinen zu sehen, die Eigenmarke kann im schattigen Gastgarten unter alten Bäumen genossen werden, dazu gibt es Hausmannskost wie einst bei Großmutter.

Kinder haben im Böhmischen Prater ihren Spaß auf kleinen Versionen von Ringelspielen, Karussells und Autodromen. Neben vielen nostalgischen Oldtimer-Attraktionen gibt es aber auch moderne: An heißen Sommertagen sind Aqua-Bälle, Aqua-Bumper oder die Marine Bay der Hit. Wer klein, aber mutig ist, kann sich in die Kinder-Geisterbahn wagen. Hinter einem Schlangenkopf verbirgt sich ein 6D-Kino, und in einem Rosengarten steht eine Pit-Pat-Minigolf-Anlage. Und damit der Spaß für die Kleinen auch seine leckere Seite hat, hält die »Süße Tram« Zuckerwatte, Schaumbecher und hausgemachte kandierte Früchte bereit. Die Großen stärken sich mit böhmischer und Wiener Küche im Heurigenlokal Werkelmann.

Karussell aus der Kaiserzeit

Eine der interessantesten Attraktionen ist das Karussell, das als das älteste in Europa gilt. 1890, zu seiner Eröffnung, war sogar Kaiser Franz Joseph anwesend. Dass seine Majestät selbst eine Runde auf einem der handgeschnitzten Pferdchen gedreht haben, ist unwahrscheinlich. »Es war sehr schön, es hat mich sehr gefreut«, wird er aber bestimmt gesagt haben. Dabei erfolgte der Betrieb damals noch nicht durch einen Motor, sondern von Hand. Mangelndes Durchhaltevermögen kann man dem Karussell jedenfalls nicht vorwerfen. Rosi, Peter und Susi galoppieren nach wie vor unermüdlich im Kreis. Seit ein paar Jahren begleiten sie sogar einige Fahrzeuge, eine Bim, ein Motorrad und ein Feuerwehrwagen. Das ganze Karussell steht seit 1986 unter Denkmalschutz. Und seit 2017 hat es einen neuen Besitzer: Ernst Hrabalek hat sich auch damit einen Jugendtraum erfüllt.

↗ Geschicklichkeit ist gefragt: Wer trifft, dem winkt das Plüsch-Häschen, oder der kleine rosa Bär.
↖ Ein Riesenrad gibt es zwar, aber es ist viel kleiner als das berühmte Pendant im großen Wurstelprater.
← Mit der Märchenbahn, einer Retro-Attraktion, geht es auf eine Reise in die Welt der Märchen.

INFO

DIE LÖWYGRUBE

In unmittelbarer Nähe des Böhmischen Praters lädt die Löwygrube, eine 164 000 Quadratmeter große Parkanlage mit weiten Wiesenflächen, altem Baumbestand und schönem Wienblick zu einem Spaziergang ein. Ihren Namen verdankt das heutige Landschaftsschutzgebiet Jacob Löwy, der hier Lehm abbaute und Ziegel brannte. An diese Zeit erinnern die Abbauwand der ehemaligen Rudolfsziegelöfen sowie der Pfeifen- und der Butterteich. Die Anlage ist nicht nur bei Kindern und sportbegeisterten Jugendlichen beliebt, die sich auf dem Spielplatz und beim Fußball austoben können, sondern auch bei Hundebesitzern – die Vierbeiner dürfen sich auf dem gesamten riesigen Areal ohne Einschränkungen frei bewegen.

TIPP

Mit den Öffis ist der Böhmische Prater nicht direkt erreichbar. Von S-, U-Bahn- oder Bushaltestellen sind es zehn Minuten zu Fuß. An Wochenenden und Feiertagen gibt es einen Shuttle-Bus vom Reumannplatz.

WEITERE INFORMATIONEN

böhmischer-prater.at
drehdichringelspiel.at

Ein Spielplatz der Löwygrube. Hier können sich Kinder austoben, und auch Hunde dürfen frei herumlaufen.

33

FIAKERFAHRT

ES LEBE DER ZENTRALFRIEDHOF!

Der Wiener Zentralfriedhof ist eine Welt für sich. Ein magischer Ort. Letzte Ruhestätte für über drei Millionen Menschen und Pilgerstätte für die Verehrer großer Genies und Persönlichkeiten. Eine besondere Art, diesen außergewöhnlichen Ort zu erkunden, ist eine Kutschfahrt.

Dass die Wiener eine besondere Beziehung zum Tod haben, ist unbestritten. Eine »Schöne Leich«, ein repräsentatives Begräbnis, gibt Anlass zum Schwärmen, und der Song »Es lebe der Zentralfriedhof« von Wolfgang Ambros ist geradezu eine Hymne. Und so ist es eigentlich nur logisch, dass der knapp zweieinhalb Quadratkilometer große, 1874 eröffnete Zentralfriedhof zugleich als Wiens größtes Naherholungsgebiet gilt.

Den stärksten Ansturm erlebt der Zentralfriedhof zu Allerheiligen. Da strömen Tausende hinaus nach Simmering, laben sich an Maroni- und Würstelständen und schmücken die Gräber ihrer Vorfahren und Lieben mit von Jahr zu Jahr größerem Aufwand. Bei dieser Gelegenheit planen viele einen Abstecher zu den Ehrengräbern, dann wird in Ehrfurcht der Großen dieser Stadt gedacht.

Wer sich am Zentralfriedhof einen halbwegs repräsentativen Überblick verschaffen will, muss gut zu Fuß sein. Zwei Stunden sind einzuplanen, und das ist knapp bemessen. Seit einigen Jahren gibt es in der schönen Jahreszeit aber auch eine andere Art, die vielen Ehrengräber, die fantastische Jugendstil-Architektur und die Besonderheiten der Natur zu erkunden: per Kutsche.

Und das ist nicht nur bequemer und romantischer, es geht auch schneller: Die große Runde dauert 60, die kleine 30 Minuten. Der Standplatz der Fiaker ist beim Hauptportal, nahe dem Tor 2. Dort warten die Pferde des Fiakerunternehmers Wulf, der übrigens als Einziger die Lizenz für Rundfahrten auf dem Friedhof besitzt, geduldig auf »Kundschaft«. Zwischendurch scharren sie ein bisschen mit den Hufen, bis sie endlich loslegen dürfen.

Zu großen Künstlern

Trab, trab, trab, auf der Hauptallee geht es dann zu den ersten der rund 1000 Ehrengräber. Die Kutsche wird langsamer, denn bald kommen die drei größten Musikgenies des Landes in Sicht. Beethoven, der ursprünglich wie Schubert, der nun rechts von ihm liegt, am Währinger Friedhof begraben war und dessen Grab jetzt mit Rindenmulch bestreut wird, weil die Wiese von seinen Verehrern, die ihm so nah wie möglich kommen wollten, immer abgetreten war.

An Mozart erinnert nur ein Grabdenkmal. Es wurde an dieser Stelle errichtet, weil er zwar am Friedhof St Marx liegt, die tatsächliche Stelle seines Grabes aber nicht mehr

→ Im Fiaker durch den Zentralfriedhof: Das ist nicht nur romantisch, sondern auch bequem. Die Strecken für Fußgänger summieren sich!

← Die Friedhofskirche zum heiligen Karl Borromäus, auch Luegerkirche genannt, ist einer der bedeutendsten Sakralbauten des Jugendstils.
↘ Rund 330 000 Grabstellen umfasst der Zentralfriedhof, 350 davon sind Ehrengräber und 600 sind ehrenhalber gewidmete Gräber.

mit Sicherheit festzustellen war. Bedeutende österreichische Künstler fanden ihre letzte Ruhe in den Ehrengräbern der Gruppe 33 G.

Langsam passiert die Kutsche das Grab des Karikaturisten, Beach-Boy-Fans und Katzenfreunds Manfred Deix, das ein großer Katzenkönig bewacht, dann das weiß verhüllte Klavier für den Sänger Udo Jürgens und gleich gegenüber die Metallskulptur für Hedy Lamarr. Die gebürtige Wienerin galt einst als die schönste Frau der Welt, sie machte in Hollywood Karriere, drehte die erste Nacktszene der Filmgeschichte und war außerdem noch klug genug für jene Erfindungen, die heute als Basis des Mobilfunks gelten.
Direkt vor dem einzigartig schönen Jugendstilbau des Dr.-Karl-Lueger-Kirche reihen sich im sogenannten Kapellenhof die Grüfte der österreichischen Staatspräsidenten aneinander, von Karl Renner bis Thomas Klestil. Die Kutsche biegt an dieser Stelle nach links ab, zum Ehrenhain Gruppe 40 mit den Gräbern von Publikumslieblingen der jüngeren Vergangenheit. Hier ruhen der Jazzer Fatty George, Burgschauspieler Walther Reyer und Filmemacher Franz Antel. Unübersehbar ist Falcos »Grab der Superlative«. Ein Obelisk, in den sein Name in Glasbuchstaben eingearbeitet ist, steht für den Künstler, eine Glasplatte für sein Werk und eine Säule für den Menschen Hans Hölzel.

Zu Opfern und Gefallenen

Von den Ehrengräbern geht die Fahrt weiter zu den Gräbern und Mahnmalen von Soldaten, den in Kriegen oder bei politischen Unruhen Gefallenen, für die Opfer des Brandes des Justizpalastes 1927, die Bombenopfer des Zweiten Weltkriegs und zur Nationalen Gedenkstätte für die Opfer des NS-Regimes. Berührend sind auch der Waldfriedhof, in dem die Urnen an den Wurzeln der Bäume beigesetzt werden, der Babyfriedhof und der Park der Ruhe und Kraft, in dem kreisförmig angeordnete Steine als Kraftplatz dienen.

Nach den Bereichen für diverse Religionen sind links vom Haupteingang an der Friedhofsmauer noch die Gräber von rund 100 Persönlichkeiten zu sehen. Sie wurden hier beigesetzt oder hierher umgebettet, weil sie zu einer Zeit starben, als es den Zentralfriedhof noch nicht gab. Zu den »ältesten« Berühmtheiten zählen der Komponist und Gegenspieler Mozarts, Antonio Salieri, mit dem Geburtsjahr 1750 und Ida Pfeiffer, die 1797 geborene Biedermeier-Dame, die auf eigene Faust Weltreisen unternahm. Einer der »Jüngeren« ist der berühmte Architekt Adolf Loos. Er hat den schlicht-eleganten Grabstein für sein Ehrengrab zu Lebzeiten selbst entworfen – aber das ist nur einer der vielen Aspekte, die auf dieser denkwürdigen Rundreise nachdenklich stimmen.

INFO

DAS BESTATTUNGSMUSEUM
Eine Wiener Besonderheit ist das Bestattungsmuseum im Untergeschoss der Aufbahrungshalle 2 – am besten erreichbar über den Eingang Tor 2. Dort dokumentieren rund 250 Exponate aus den Archiven der Bestattung und diverser Friedhöfe auf moderne und sogar interaktive Art alles rund um den Totenkult: Trauer-Livreen, Schärpen und Accessoires der Totengräber und verschiedene Urnen-, Sarg- und Leichenwagenmodelle. Besonders kurios ist der Klappsarg aus der Zeit Joseph II., und, natürlich, die Rettungsglocke, mit der Scheintote auf sich aufmerksam machen sollten – schließlich war die Angst, lebendig begraben zu werden, sehr groß.

WEITERE INFORMATIONEN
Die Wartezeit auf die Kutschfahrt lässt sich bei exzellenter Patisserie, köstlichen Torten, Kuchen und Kaffee in der Filiale der Kurkonditorei Oberlaa am Tor 2 verkürzen. Schließlich gilt es, selbst an traurigen Orten wie einem Friedhof, die süße Seite des Lebens in Form von feinen Kuchen und Schokoladen hochzuhalten.
friedhoefewien.at
oberlaa-wien.at

Ein Modell des Klappsargs, den Kaiser Joseph II. aus Sparsamkeitsgründen propagierte, im Bestattungsmuseum

34

GARTEN EDEN

WO DER HIMMEL VOLLER FEIGEN HÄNGT

Am Rande Wiens, in Simmering, ist mit dem Feigenhof ein kleines Paradies entstanden. Es bietet köstliche Feigen zum Naschen und Verkosten, in bester Bio-Qualität erzeugtes Obst und Gemüse, erlesene Produkte, Sträucher und Solitärpflanzen zum Mitnehmen – und als Dreingabe mediterranes Lebensgefühl.

Nein, nein, das kann nicht stimmen! Das Navi wird wieder gesponnen haben! Von wegen »Am Himmelreich«! Da pfeift der Wind durch die Rippen verlassener Glashäuser, wirbeln Teile zerfetzter Folientunnel durch die Luft, und es stinkt es nach Moder und Fäulnis. Ein paar Reihen frisch gepflanzten Salats sind zwar da, von Himmelreich aber keine Spur, also: Nichts wie weg, und zwar schnell!

Genau das wäre ein grober Fehler. Durchhalten heißt die Parole. Zumindest 300 Meter lang. Dann, oh Wunder, ist alles mit einem Schlag ganz anders. Ein kleiner Parkplatz mit adrettem weißem Kies, ein von Rosen, Granatapfel- und Feigenbäumen gesäumter Weg zu dem freundlichen Haupthaus mit kräftig roter Fassade, Sitzgruppen unter hohen, Schatten spendenden Bäumen, ein von Palmen, Oliven- und Feigenbäumen umgebener Teich als privates Refugium und ein vom kräftigen Duft der Kräuter umwehter Schaugarten. Alles zusammen eine nahezu paradiesische Insel im Strom der Simmeringer Großgärtnereien. Ein lebendiges, duftendes Stück Toskana in Wien und zugleich eine hoch professionelle Plantage mit unzähligen Reihen riesiger Glashäuser und Freiland-Anbauflächen.

Bauer mit Leib und Seele

Uschi Kujal und Harald Thiesz sind die Schöpfer dieses kleinen Paradieses. Sie haben sich in der Berufsschule für Gartenbau und Floristik in Kagran kennen und lieben gelernt, in der sie unterrichteten. Beide hatten gerade eine schwere Scheidung hinter sich, lebten als Patchwork-Familie in einer zu kleinen Wohnung – und verfügten über enormes Wissen. Eine größere Wohnung mit Dachterrasse wäre eine Option gewesen, doch hätte der Platz gereicht für all die grünen Träume? Uschi Kujal: »Harald ist mit Leib und Seele Bauer. Er muss anbauen und wachsen sehen. Also suchten wir nach einer Alternative.«

Stattdessen bot sich das Pachtgrundstück »Am Himmelreich«. Bei der ersten Besichtigung waren allerdings beide nah dran, gleich Fersengeld zu geben. Das ganze Gebiet sah furchtbar aus, da waren verrottete Glashäuser und Stallungen für Hängebauchschweine, und es stank entsetzlich. Die aus einem Nobelbezirk stammende Uschi aber hielt durch. Nicht zuletzt, weil das »Himmelreich« seinem Namen alle Ehre machte und höchst persönlich eingriff. Es zeigte ihr die Achse zum Schloss Neugebäude, eine geomantische Energie-Linie. Dazu kam von oben die Durchsage: Das ist ein Kraftplatz, nutzt ihn! Im nächsten Schritt galt es, eine Kultur zu finden. Harald, ganz Bio-Mensch, der lächelnd

→ So herrliche Feigen gedeihen im Freien und in den Glashäusern. Zu kaufen sind sie frisch geerntet oder zu köstlichen Produkten verarbeitet.

behauptet, schon in Gummistiefeln zur Welt gekommen zu sein, probierte es mit Feigen in Glashäusern. Er begann mit 30 Sorten, das Experiment glückte, und mittlerweile gedeihen »Am Himmelreich« 200 verschiedene Sorten auf 500 Feigensträuchern in den Glashäusern und im Freien. Geerntet wird von Ende Juni bis Ende Oktober.

Ein richtiger Garten Eden

Bei den süßen paradiesischen Früchten aber blieb es nicht. Sie bilden zwar nach wie vor das Stammgeschäft, bekamen aber bald Gesellschaft durch ein illustres Sortiment querbeet. Zurzeit sind es rund 300 Arten von Kräutern und über hundert Sorten Obst und Gemüse, die am Feigenhof gedeihen. Und weil vieles zwischen den Feigenbäumen wächst, drängt sich das Bild vom Garten Eden auf. Von einem amtlich bestätigten noch dazu, denn der Betrieb ist seit 2005 bio-zertifiziert.

Die Glashäuser werden im Winter nicht geheizt – das bedingt in einem kalten Frühling, dass empfindliche Pflänzchen wie Tomaten oder Basilikum erst später gesetzt werden können. Und es führt andererseits dazu, dass Harald seine Leidenschaft als Bio-Bauer voll ausleben kann. Er arbeitet mit Nützlingen, mit Schlupfwespen gegen Blattläuse etwa oder mit Raubwanzen gegen Spinnmilben, er setzt auf Kreislaufwirtschaft und Gründünger und experimentiert gern mit seltenen Pflanzen.

Die Mühe lohnt sich

Die Mühe bleibt nicht unbelohnt. Sommer und Herbst bringen am Feigenhof reiche Ernte. Es beginnt im Juni mit Salat und Zucchini, bald folgen Artischocken, Radicchio, Mangold, Gurken-Raritäten, Fenchel, Paprika, Auberginen, Kohlrabi, Chilis in allen nur erdenklichen Variationen und Schärfegraden, Süßkartoffeln und Kürbis. Alles in erster Bio-Qualität.

Neben den Stammkunden greift mittlerweile auch die Wiener Spitzengastronomie und, wie im Jahr 2020, sogar der Wiener Opernball auf die Spitzenprodukte vom »Himmelreich« zurück. Gefragt sind neben den frischen Produkten auch die unzähligen Varianten von Marmeladen und Chutneys, die Harald mit seinem Team kreiert. Da fällt die Wahl schwer zwischen raffinierten Spezialitäten wie Feige mit Rosenweihrauch, griechischer Bergminze oder Ingwer. Oder, für Freunde des Geistigen, zwischen Feigenwein, Feigengeist oder Treberbrand. Für alle, die ihrem grünen Daumen vertrauen, steht eine Riesenauswahl an Pflanzen bereit. Alles Grund genug, das Navi zu rehabilitieren. Es hat (diesmal, wohlgemerkt!) nicht in die Irre geführt, sondern geradewegs ins »Himmelreich«!

↗ Uschi Kujal und Harald Thiesz, die glücklichen Schöpfer des Simmeringer Paradieses
↖ Das Haus und die Terrasse wirken direkt aus der Toskana nach Wien exportiert.
← Feigen gibt es in vielen Farben. Gemeinsam ist allen der feine, überraschend zarte Geschmack.

INFO

DAS SCHLOSS NEUGEBÄUDE
Woher die Energie kommt, die alles so paradiesisch sprießen lässt, ist für empfindliche Seelen unübersehbar: Am Horizont zeichnen sich die Umrisse von Schloss Neugebäude ab. Die Sicht wirkt als Kraftachse. Sie führt an die Stelle, an der 1529, bei der ersten Türkenbelagerung, das Prunkzelt Sultan Süleymans stand. Just dort erbaute Kaiser Maximilian II. ein pompöses Lust- und Jagdschloss. Es wurde nie fertig, verfiel langsam, gilt aber als bedeutender Bau des Manierismus. Der einstige Schlossgarten wurde nun zu einem Park. An die frühere Menagerie erinnern Wackeltiere, Elefantenrutsche und Schaukelgiraffe.

WEITERE INFORMATIONEN
Da die passionierten Bauern auch am Feigenhof wohnen, findet der Ab-Hof-Verkauf nur am Wochenende statt. Freitagnachmittag und Samstag können Kunden Obst und Gemüse erwerben. Alles im idealen Reifegrad geerntet, auf kurzen Transportwegen herangeholt und präsentiert auf langen Tischen, die sich unter ihrer Last beinahe biegen.
feigenhof.at
schlossneugebaeude.at

Schloss Neugebäude: Die Sichtachse zum ehemaligen Lust- und Jagdschloss empfinden viele als eine Kraftachse.

35

DIE WOTRUBA-KIRCHE

HARMONISCHES CHAOS

Riesige Betonblöcke, scheinbar willkürlich aufeinandergeschichtet und doch zu einem harmonischen Ganzen vereint, so präsentiert sich die Wotruba-Kirche am Georgenberg in Mauer. Kein touristisches Highlight, aber ein Muss und ein Erlebnis für alle, die sich für moderne Architektur interessieren.

Wer sagt, dass eine Kirche immer dem gleichen Muster folgen muss? Ein lang gezogenes Kirchenschiff, eine Pforte, ein Turm oder zwei? Die Wotruba-Kirche in Mauer bricht mit diesen Klischees und zwar radikal. Das macht sie so interessant. Entstanden ist die Wotruba-Kirche auf Initiative von Margarethe Ottillinger, jener legendären Österreicherin, die 1948 unter dem Verdacht der Wirtschaftsspionage von russischen Soldaten festgenommen wurde und sieben Jahre unschuldig in sowjetischen Gefängnissen verbringen musste.

Nach Österreich zurückgekehrt, hatte die tief religiöse spätere Vorstandsdirektorin der OMV den Wunsch, aus Dank für ihr »zweites Leben« ein kirchliches Projekt zu realisieren. Ein Kloster für Karmeliterinnen schwebte ihr vor. Und nicht ein Architekt, sondern ein Bildhauer, der schon damals, in den 1960er-Jahren, berühmte Fritz Wotruba, sollte es entwerfen.

Fritz Wotruba, geboren 1907 in Wien, gilt als einer der bedeutendsten Bildhauer Österreichs. Mit Architektur war er bis zu diesem Zeitpunkt – von einigen Bühnenbildern einmal abgesehen – kaum in Berührung gekommen. Dennoch verspürte er, wie er später einmal erklärte, »eine unwiderstehliche Lust, einmal mit einem Material zu arbeiten, in dem die Begrenzung der Masse und Dimensionen nur abhängig ist von der Macht oder Ohnmacht der Vision«.

Der Plan einer Klostergründung scheiterte, er wurde nicht genehmigt. Auch Wotrubas Entwürfe stießen 1968 bei der Präsentation in der Wiener Galerie nächst St. Stefan auf heftigen Widerstand. Dazu kam noch, dass Wotruba nicht gläubig und schon vor dem Krieg aus der Kirche ausgetreten war, weil er geplant hatte, eine Jüdin zu heiraten. Darin, einen Sakralbau zu schaffen, sah der sozialistisch gesinnte Künstler aber durchaus einen gesellschaftlichen Sinn.

Endlich: Beton

Unter Kardinal Franz König erklärte sich die Erzdiözese Wien schließlich doch bereit, zumindest die Klosterkirche zu realisieren. Am Ende der langen Debatte entstand der Plan zu einer Rektoratskirche am Georgenberg. Fritz Wotruba versuchte zuerst, Architekt Roland Rainer, den Erbauer der Wiener Stadthalle, zur Mitarbeit zu gewinnen, auch dieses Vorhaben scheiterte jedoch. Mit dem Architekten Fritz Gerhard Mayr aus dem Büro Rainer hatte er schließlich mehr Glück. Mayr erklärte sich zur Mitarbeit bereit – und mit ihm erfuhr das ganze Projekt eine entscheidende Wendung. Wotruba hatte als Baustoff gelblichen Karst-

→ Wie zufällig zusammengewürfelt wirken die Betonblöcke von unterschiedlicher Größe – und ergeben am Ende doch ein harmonisches Ganzes.

← Nach Sonnenuntergang versammeln sich im Sterngarten meist viele Menschen, um zu beobachten, wie die ersten Sterne auftauchen.
↘ Der Bildhauer als Architekt: Auch die Innenausstattung hat Fritz Wotruba gestaltet.

Marmor vorgesehen, der Architekt überzeugte ihn von Beton als idealem Baustoff. Und so gingen Architektur und Bildhauerei eine Symbiose ein, die zu dem außergewöhnlichen Bau der Kirche am Georgenberg führte.

Die Wotruba-Kirche besteht aus 152 unverkleideten Betonblöcken, der höchste misst etwas über 13 Meter. Die einzelnen Teile sind fast wie zufällig und ohne jede Symmetrie aufeinandergeschachtelt und ergeben doch ein harmonisches Ganzes. In das Innere der Kirche fällt Licht durch einfache Glasscheiben, die in die unregelmäßigen Zwischenräume eingesetzt sind, weshalb sich je nach Tageszeit die Lichtbündel überschneiden. An der Altarwand befindet sich ein Abguss des von Wotruba für die Hofkirche in Bruchsal geschaffenen Kreuzes. Diese Hofkirche war ursprünglich eine Barockkirche im Südflügel des Schlosses. Sie fiel 1945 einem Bombenangriff zum Opfer und wurde in den 1960er-Jahren neu errichtet. Außen im alten Stil, im Inneren modern. Alle Teile im Altarbereich schuf Fritz Wotruba.

Für Fritz Wotruba ging mit der Skulptur, »mit der Landschaft, Architektur und Stadt zur Einheit werden«, ein Traum in Erfüllung. In der betont schlichten, auf jede Art von Schmuck, Schnörkel und Zierrat verzichtenden Kirche war ihm nach eigenen Worten gelungen, »etwas zu gestalten, das zeigt, dass Armut nicht hässlich sein muss, dass Entsagen in einer Umgebung sein kann, die trotz größter Einfachheit schön ist und auch glücklich macht«.

Modernes Wahrzeichen

Hatte es während der Bauzeit noch heftige Kritik an dem Projekt gegeben – den Bewohnern der unmittelbaren Nachbarschaft war es sogar gelungen, Glocken für das Gotteshaus zu verhindern –, verstummte diese bald nach der Fertigstellung. Ende 1976 weihte der damalige Erzbischof von Wien die Kirche Zur Heiligsten Dreifaltigkeit. Seither ist das moderne Wahrzeichen der Stadt nahezu ein Pilgerort für alle, die moderne Architektur schätzen. Und auch die Gläubigen wissen ihre starke Symbolik zu deuten: In dem scheinbar chaotischen Durcheinander der Betonteile erkennen sie eine Ordnung, eine Einheit, die aus Mannigfaltigkeit entstanden ist. Sie sehen in der Wotruba-Kirche ein Sinnbild für Gemeinde und Glaube.

Diskussionen über die Kirche gab es trotz allem immer wieder. Zuletzt, als sie vor Kurzem mit einem barrierefreien Zugang ausgestattet wurde. Sie erhielt einen neuen Zugang und eine Glasfront, ein Lift wurde eingebaut, und die unterirdisch im Inneren des Hügels liegenden Gemeinderäume wurden erweitert. Die Anziehungskraft, die das außergewöhnliche Werk moderner Bildhauer-Architektur auf seine Besucher ausübt, hat das alles aber nicht geschmälert.

INFO

DER STERNGARTEN
Im Grün neben der Kirche weist ein Pfeil den Weg zum Sterngarten. Seine knapp einen Hektar große Anlage wirkt auf den ersten Blick rätselhaft. Ihr Sinn erschließt sich aber bald: Sie soll Besuchern die »obere Hälfte der Welt« bewusst machen, den jahreszeitlichen Verlauf der Sonnenbahn und die veränderliche Tageslänge. Der große Südmast in der Mitte der Plattform zeigt den Höchststand der Sonne zum »astronomischen Mittag« am Beginn der vier Jahreszeiten an. Der Nordmast trägt eine Lochscheibe, die den Himmelspol und die kleine 24-Stunden-Bahn des Polarsterns kennzeichnet. Sechs Sonnensäulen markieren die jahreszeitlichen Auf- und Untergangspunkte der Sonne.

WEITERE INFORMATIONEN
Aufmerksamkeit verdient auch die Mauer, die den Sterngarten begrenzt. Sie ist das Überbleibsel der Luftnachrichtentruppen-Kaserne, die im Jahr 1938 von den Nazis nach ihrem Einmarsch in Österreich am Georgenberg errichtet werden sollte, aber nie fertig gestellt wurde.
georgenberg.at
astroverein.at

Der Schrägmast der Sonnenuhr im Sterngarten steht parallel zur Erdachse.

36

BERGL-ZIMMER

MARIA THERESIAS PRIVATES PARADIES

Über vier Millionen Menschen besuchen das Schloss Schönbrunn jedes Jahr. Sie bewundern die prachtvollen Festsäle, Repräsentationsräume, Audienzzimmer und Privatgemächer. Abseits des Touristenstroms gibt es aber noch etwas zu entdecken: die Bergl-Zimmer, Maria Theresias geheimes Refugium.

Maria Theresia, die Urmutter des Barocks, war eine würdige Repräsentantin ihrer Zeit. Wie viele Fürstinnen und Fürsten ihres Jahrhunderts waren sie und ihr Mann Franz Stephan von Lothringen vom Fieber der botanischen und zoologischen Sammelleidenschaft erfasst. In den Gewächs- und Palmenhäusern Wiens gediehen unter den Händen unzähliger Gärtner Pflanzen, die Reisende aus weit entfernten Ländern mitgebracht hatten. Und in den ersten Tiergärten der Stadt tummelten sich exotische Lebewesen.

Die Vorliebe für alles Fremde und Exotische, alles »Indianische«, wie sie es nannte, behielt Maria Theresia auch bei, nachdem sie 1765 zur Witwe geworden war. Nach der Geburt von 16 Kindern unter körperlicher Fülle leidend, depressiv und müde geworden, ertrug sie die Sommerhitze immer schlechter, nicht einmal in ihrer prachtvollen Sommerresidenz Schönbrunn. Grund genug, sich im Erdgeschoss des Schlosses eigene kühle Sommerzimmer einrichten zu lassen. Mit der Ausstattung beauftragte sie den böhmischen Maler Johann Wenzel Bergl. Er schuf für Maria Theresia einen geheimen Rückzugsort, der die Sehnsucht nach einer idyllischen Welt jenseits der strengen Hof-Etikette widerspiegelt. Ein Appartement als Erfüllung des Traums von einem Arkadien, dem Land stillen Friedens und ländlicher Natürlichkeit.

Entzückender Dschungel

Wer das ursprünglich nur für die Augen der großen Monarchin gedachte Appartement betritt, findet sich in einem Dschungel voll üppiger Blüten, Blumen und wilder Tiere wieder. In einer illusionistischen, großteils exotischen Sehnsuchtslandschaft mit antikisierenden Bauten. Da tummeln sich Pelikane, Flamingos und Enten neben bunten Fischen am und im Wasser, ranken sich Blütengirlanden hoch, stolzieren Pfaue durch den Garten und schaut ein Äffchen von hoch oben auf das Geschehen. Dazu wecken Trauben, Melonen und exotische Früchte Gelüste nach süßem Obst. Damit das Ganze aber auch nicht allzu realitätsfern wird, erinnern Werkzeuge wie ein Rechen und eine Gießkanne an die wichtige Arbeit des Gärtners.

Die Bergl-Zimmer stellen in Wiens meistbesuchter Sehenswürdigkeit Schönbrunn ein weitgehend unbekanntes Juwel dar. Maria Theresias kleines, sorgsam gehütetes Paradies im Rahmen einer Sonderführung zu besuchen, verspricht ein unvergessliches Erlebnis.

INFO

DER KRONPRINZENGARTEN

An der Ostfassade des Schlosses Schönbrunn sind die einstigen Privatgärten der kaiserlichen Familie, der »Kronprinzengarten« und der Garten »Am Keller« absolut sehenswert. Die Blumenbeete im ältesten Gartenteil Schönbrunns erinnern an Stickereien. Sehr hübsch ist auch der von Wildem Wein bewachsene Laubengang mit fünf Pavillons. Am besten lässt sich die Pracht der Broderiebeete vom modernen Aussichtspavillon aus überblicken. Im Kronprinzengarten sind im Sommer auch Teile der Zitrussammlung der Österreichischen Bundesgärten zu sehen.

WEITERE INFORMATIONEN

schoenbrunn.at
Tickets Kronprinzengarten: imperialtickets.com

← Das private Refugium, das der böhmische Maler Johann Wenzel Bergl für Maria Theresia schuf
↑ Die Zitruspflanzen im Kronprinzengarten

37

STADTBAHN-HOFPAVILLON

HALTESTELLE FÜR DEN KAISER

Ein Sieg der Moderne, ein Bau von außergewöhnlicher Schönheit und Eleganz, ein Meisterstück des genialen Jugendstil-Architekten Otto Wagner – das ist der Pavillon des »Allerhöchsten Hofs« an der Stadtbahn in Hietzing, die kaiserliche Haltestelle an der Vorortelinie.

Wer von der Westeinfahrt kommend Richtung Stadtzentrum fährt, passiert in der Nähe der Kennedy-Brücke und der U-Bahn-Station Hietzing ein auffallendes, in strahlendem Weiß und dunklem Grün gehaltenes Gebäude, das von einer achteckigen Kuppel gekrönt wird. Es ist der Hofpavillon Hietzing, der von Otto Wagner für den »Allerhöchsten Hof« errichtete Wartesaal.

Um die Jahrhundertwende erlebte die innerhalb kurzer Zeit zu einer Millionenmetropole angewachsene Stadt Wien ein Infrastrukturprojekt von gigantischen Ausmaßen. Otto Wagner, Ausnahmearchitekt und »Wegbereiter der Moderne« war mit der künstlerischen Gestaltung des Massenverkehrsmittels, der Stadtbahn, betraut. Sie ist in weiten Teilen auch heute noch in Gebrauch, trägt in Details wie den charakteristischen grünen Gusseisengittern und diversen Stadtbahnstationen Otto Wagners Handschrift und prägt das Stadtbild.

Imperiale Elemente zur Ausstattung

Auf Initiative Otto Wagners wurde in unmittelbarer Nähe der Sommerresidenz Schloss Schönbrunn eine Haltestelle für den Kaiserhof errichtet. Imperiale Elemente wie Kuppel, Wagenauffahrt, Baldachin und besonders kunstvoll gestaltete Geländer, Kandelaber und Überdachungen staffieren sie aus. Auch das Innere wurde höchst luxuriös gestaltet, mit kostbaren roten Seidentapeten, einem Knüpfteppich mit Philodendron-Motiven, Mahagonitäfelung und Kaminen mit kunstvollen Gittern.

Otto Wagner ging bei diesem Bau ganz auf die Bedürfnisse des Monarchen ein. Er plante einen eigenen Warteraum für das kaiserliche Gefolge und ein Arbeitskabinett samt Schreibtisch für den unermüdlich seine Akten Studierenden. Viel Erfolg hatte er damit allerdings nicht. Daran, mit Öffis zu fahren, konnte sich der alte Kaiser nicht gewöhnen. Franz Joseph betrat »seine« Haltestelle nur zweimal: im Juni 1899, um die Obere Wientallinie der Stadtbahn und im April 1902, um die Donaukanallinie zu besichtigen.

Nach dem Zusammenbruch der Habsburger Monarchie verlor der Hofpavillon seine Funktion (wenn er je eine hatte), er diente vorerst dem Bildhauer Sepp Haberl-Carlo als Atelier, wurde 1945, im Zweiten Weltkrieg, durch einen Bombentreffer schwer beschädigt, wurde wiederhergestellt, als Ausstellungsraum genutzt und verfiel später. Ab 2014 aufwändig renoviert, erstrahlt der Hofpavillon nun in seinem alten Glanz und steht Besuchern offen.

← Unübersehbar ist der Prachtbau des Hofpavillons Hietzing. Den Kaiser hat er allerdings nicht beeindruckt. Er benutzte ihn nur zweimal.
↓ Heurigenschmankerl gibt es jetzt auch im Schloss Schönbrunn.

INFO

DER HEURIGE IN SCHÖNBRUNN
Im August 1784 genehmigte Kaiser Joseph II. mit seiner Zirkularverordnung Weinbauern, ihre selbst hergestellten Lebensmittel zu verkaufen und auszuschenken. Das war die Geburtsstunde des Wiener Heurigen. Im Gedenken daran nannte man den im Herbst 2021 neu eröffneten Heurigen in einem Seitentrakt des Schönbrunner Schlossareals Joseph II. In dem eleganten Heurigenbetrieb werden traditionelle Wiener Heurigenschmankerl serviert, dazu gibt es einen Querschnitt der besten Weine der Region.

WEITERE INFORMATIONEN
Tickets Hofpavillon: wienmuseum.at
heurigerschoenbrunn.at

38

HERMESVILLA

SISIS SCHLOSS DER (ALP-)TRÄUME

Kaiser Franz Joseph scheute weder Mühen noch Kosten, um seiner geliebten Sisi in Wien ein privates Refugium zu schaffen. Glück hatte er damit nicht. Auch sein Geschenk, die Hermesvilla im Lainzer Tiergarten, war nicht dazu angetan, die unstete Kaiserin von ihren vielen Reisen abzuhalten.

Wie kann es sein, dass eine junge, schöne Frau, die alles hat, die im Luxus schwelgt, über jede Menge Geld verfügt und exzessiv ihren Hobbys nachgehen kann, doch nie glücklich werden konnte? Dass eine Kaiserin ständig auf der Flucht war, äußerlich durch ständiges Reisen, Rennen und Reiten und innerlich durch ihre Hinwendung zu Esoterik und Spiritismus? Sisis zugegeben schwierigen Charakter zu enträtseln, haben unzählige Psychologen und Wissenschaftler versucht. Sie haben zahlreiche Erklärungen gefunden. Einer der vielen Gründe für die Aversion der Kaiserin gegen Wien könnte jedoch auch die Hermesvilla im Lainzer Tiergarten gewesen sein. Dieser Eindruck drängt sich jedenfalls beim Besuch der Villa auf.

Ein großzügiges Geschenk

Der Kaiser hatte es nur gut gemeint. Um seiner rastlosen Gattin in Wien ein privates Refugium bieten zu können, beauftragte er den Architekten Carl von Hasenauer mit der Planung einer Villa im Lainzer Tiergarten. Die Villa Waldruh, wie sie heißen sollte, wurde von 1882 bis 1886 im Stil der französischen Spätrenaissance erbaut. Franz Joseph kümmerte sich auch um Details. Er ließ Wiesen planieren und von Maulwurfshügeln befreien, weil »Ihre Majestät sonst hierorts nicht reiten könne«. An einem nahen Teich wurde eine Badekabine für die Kaiserin errichtet, die Zufahrtsstraße, heute Hermesstraße, war eine der ersten Straßen Wiens mit elektrischer Beleuchtung, und ab 1896 gab es sogar Telefon.

Im Obergeschoss der Villa, die nach der von Sisi selbst in Auftrag gegebenen Statue »Hermes der Wächter« in Hermesvilla umbenannt wurde, lag links das Apartment des Kaisers und rechts das der Kaiserin. Auch bei der Innenausstattung wurde nicht gespart. Prominente Künstler wie Hans Makart, Gustav Klimt und Viktor Tilgner erhielten Aufträge zur Gestaltung der Wandmalereien. Für die gymnastischen Übungen der körperbewussten Sisi wurde ein Turnzimmer mit Schwebebalken, Ringen und diversen Reckstangen eingerichtet. Hinter dem Toilettenzimmer lag das mit einem riesigen barocken Prunkbett aus der Zeit Maria Theresias ausgestattete Schlafzimmer – pompös, prachtvoll, aber so üppig, dass es auch heute noch Besuchern den Atem raubt.

So erging es wohl auch Sisis Lieblingstochter Valerie. Sie notierte einmal in ihr Tagebuch: »Lainz: grosse, prunkvolle Räume, blendend beleuchtet, Marmor, Reliefs, üppige Tep-

← Schon die dunkle Eichenholztäfelung im Stil des Historismus lässt das Stiegenhaus der Hermesvilla düster, ja geradezu beklemmend wirken.

piche, riesige Kamine … Mamas Zimmer haben den besten Willen ungeheuer freundlich zu sein, sind mir aber in ihrem manierierten Rokoko zuwider. Ach – wären wir wieder daheim!« Sie beschreibt auch noch, wie sie sich in ihr weißes Bett legt, das in einem »unheimlichen Alkoven« steht. Und zwei Tage später notiert sie: »Das Haus erweist sich immer unpraktischer und ungemütlicher … Hübsch die Tiere, die diese Einöde beleben … Hirsche äsen, Rehe mit ihren Kälbern und Moufflons …«

Das alles mag auch Sisi so empfunden haben. All die Liebesmühe des Kaisers erwies sich als vergeblich. Seine Gattin fand keinen Gefallen an der Villa, sie übernachtete insgesamt nur wenige Male dort und verbrachte ihr Leben weiterhin lieber fern vom kaiserlichen Hof auf Reisen.

Ein riesiges Naherholungsgebiet

Der Lainzer Tiergarten hingegen diente dem Kaiserhaus und seinen Gästen bis 1918 als Privatgarten. Mit dem Untergang der Monarchie fiel er dem Bund zu, dieser übertrug ihn dem Kriegsgeschädigtenfonds, und der öffnete ihn ab 1919 zumindest an Wochenenden für die Bevölkerung. Als der Fonds 1936 in Konkurs ging, übertrug der Bund den Lainzer Tiergarten der Stadt Wien. Er hat später noch düstere Zeiten als »Reichsnaturschutzgebiet« erlebt, in dem Reichsjägermeister Göring zur Jagd ging. Nach dem Krieg wurde er von der russischen Befreiungsarmee verwaltet. Seit 1974 aber ist das Areal mit seiner Gesamtfläche von 2450 Hektar für die Bevölkerung frei zugänglich, ein geschätztes Naherholungsgebiet.

Da im Lainzer Tiergarten nie die Holznutzung im Vordergrund stand, sondern der Tierbestand und die Jagd, ist der Waldbestand zum Teil über 400 Jahre alt. Bewirtschaftet werden die Wälder naturnah. Die Bäume werden bewusst nicht gepflegt, und Chemie kommt nicht zum Einsatz. Das für viele Tierarten wichtige tote und alte Holz bleibt stehen. So gibt es 13 verschiedene Fledermausarten, Großkäfer wie Eichenbockkäfer oder Hirschkäfer und 94 Vogelarten, darunter eine große Spechtpopulation mit Raritäten wie dem Weißrückenspecht.

Das Markenzeichen des Lainzer Tierparks ist das Wildschwein. Zwischen 800 und 1000 Stück dieser borstigen Stammform aller Hausschweinrassen tummeln sich ständig im Gelände. Die männlichen Tiere, Keiler, sind an ihren ausladenden, gebogenen Eckzähnen zu erkennen. Wildschweine sind Allesfresser und normalerweise sehr gesellig. Wenn weibliche Tiere, Bachen, mit ihren braunbeige gestreiften Frischlingen allerdings gestört werden, können sie recht aggressiv werden. Ihnen geht man am besten aus dem Weg.

↗ Sisis pompöses Schlafzimmer mit Szenen aus dem Sommernachtstraum an den Wänden
↖ Zentauren, Mischwesen aus Mensch und Pferd, schmücken den Gymnastikraum der Kaiserin.
← Die Hermesvilla verfehlte ihren Zweck: Sisi fand keinen Gefallen an dem riesigen Bau.

INFO

SCHÄNKE ZUR WILDSAU

Idyllisch in unmittelbarer Nähe zur Mauer des Lainzer Tiergartens gelegen, eignet sich die Heurigenschänke Zur Wildsau ideal für eine Einkehr. Tische und Bänke des Familienbetriebs stehen im Grünen, das Angebot an Speisen ist klassisch, gut und preiswert. Besonders schön sind Waldspaziergänge in der Umgebung. Romantische Wege mit kleinen Brücken führen die Mauer entlang, immer gibt es kurze Abstecher zu großen Wiesen, von denen sich herrliche Ausblicke auf das Wiener Stadtgebiet eröffnen. Von Mitte Oktober bis März, also in der kalten Jahreszeit, ist die »Wildsau« geschlossen, da hält sie Winterschlaf.

WEITERE INFORMATIONEN

Der Lainzer Tiergarten lässt sich tagsüber durch vier Tore, das Lainzer Tor, das Gütenbachtor, das Nikolaitor und das St. Veiter Tor, betreten. Der Eintritt ist frei. Den wichtigsten Anlaufpunkt stellt das Besucherzentrum dar. Dort gibt es alle Informationen über das Naturschutzgebiet.

WEITER INFORMATIONEN

hermes-villa.at/hermesvilla
lainzer-tiergarten.at

Der Lainzer Tiergarten ist ein weitgehend unberührtes Naturparadies. Das wissen auch die Spechte zu schätzen.

39

KIRCHE AM STEINHOF

WAGNERS JUGENDSTIL-JUWEL

Die golden glänzende, weithin sichtbare Kuppel erinnert an einen orientalischen Tempel. In Thailand vielleicht oder in Burma. Aber weit gefehlt. Sie krönt die Steinhof-Kirche im Westen Wiens, eines der Bauwerke des Jugendstil-Architekten Otto Wagner. Möglicherweise sogar sein schönstes.

»Auf dem zuhöchst gelegenen Punkte des weiten Gebietes steht die herrliche Kirche, zweifellos die Krone dieser epochalen Schöpfung. Mit ihrem glänzenden Auge, der goldenen Kuppel, schaut sie tief ins Land hinein ... ein neues Wahrzeichen der an Schönheit so reichen Donaustadt.« Was die Wiener *Reichspost* im Oktober 1907 zu so euphorischen Worten veranlasste, war die Eröffnung der Kirche am Steinhof in der neu errichteten Heil- und Pflegeanstalt für Nerven- und Geisteskranke. Sie geriet zum ersten modernen Kirchenbau Europas, zu einem Meisterwerk des Jugendstils, einem wahren Juwel.

Mit der Planung der Kirche zum hl. Leopold hatte man den Architekten Otto Wagner beauftragt. Er stattete sie mit einer goldenen Kuppel im byzantinischen Stil aus, mit zwei Glockentürmen und einem Gesims mit Zierleisten samt Kreuzen und Lorbeerkränzen. Das Hauptportal schmückte er mit hohen Fenstern aus farbigen Glasmosaiken und Säulenengeln. Mit der Gestaltung des Hochaltars war Koloman Moser betraut. Sein Entwurf stieß jedoch auf entrüstete Ablehnung; Die Engel sähen aus wie Kusshändchen werfende Damen mit koketten Blüten in affektierten Modefrisuren. Als Moser noch dazu heiratete und zum Protestantismus übertrat, entzog ihm Prälat Heinrich Swoboda den Auftrag kurzerhand.

Anstaltskirche für psychisch Kranke

Weil es sich letzten Endes doch um eine Anstaltskirche für psychisch Kranke handelte, hatte sich Otto Wagner an deren besonderen Bedürfnissen zu orientieren. Er plante ein Arztzimmer, Toiletten und Notausgänge ein, achtete darauf, dass die Kirchenstühle keine scharfen Kanten hatten, schuf Sitzreihen für »ruhige Patienten« mit fünf und für »unruhige« mit nur vier Plätzen nebeneinander und Weihwasserspender, aus denen das Wasser tropfte, um die Infektionsgefahr zu verringern.

Die Eröffnung nahm am 8. Oktober 1907 Erzherzog Franz Ferdinand vor, der Thronfolger, der 1914 in Sarajevo ermordet werden sollte. Er hasste Otto Wagner und den Jugendstil und erwähnte den großen Architekten in seiner Rede mit keinem Sterbenswörtchen. Diese Diskrepanz des Kunstverständnisses nahm die *Neue Freie Presse* zum Anlass zu einer pointierten Frage: »Und ist es nicht eine hübsche Ironie des Schicksals, dass so ziemlich das erste vernünftige secessionistische Gebäude großen Stils in Wien für die Irrsinnigen gebaut worden ist?«

INFO

ERHOLSAME STEINHOFGRÜNDE

Das nördlich angrenzende riesige Areal der Steinhofgründe war einst Teil der Krankenanstalt und wurde gärtnerisch genutzt. Heute ist es ein beliebtes Ausflugs- und Erholungsgebiet. Die meisten Besucher kommen durch das Tor bei der Feuerwehr Steinhof. Sie schätzen die vielen alten Obstbäume, die in den letzten Jahren durch Nachpflanzung von 400 Bäumen bewährter regionaler Sorten ergänzt wurden, die weiten Wiesen, von denen sich herrliche Ausblicke auf das Stadtgebiet ergeben und die Biodiversität des Naturraums.

WEITERE INFORMATIONEN

wienkultur.info
stadt-wien.at

↖ Jugendstil vom Feinsten: die gold-geflügelten Engel an der Fassade von Otto Wagners prachtvoller Steinhof-Kirche
↑ Stilecht sind auch Geländer und Laternen.

40

ERNST FUCHS-MUSEUM

KULTSTÄTTE DER FANTASIE

Mystischer Tempel der Kultur und spektakuläres Architekturdenkmal – oder grellbuntes Bauwerk im Spagat zwischen Kunst und Kitsch: Die Otto-Wagner-Villa in der Hüttelbergstraße, das heutige Ernst Fuchs-Museum, polarisiert. In jedem Fall aber zieht es Besucherinnen und Besucher in den Bann.

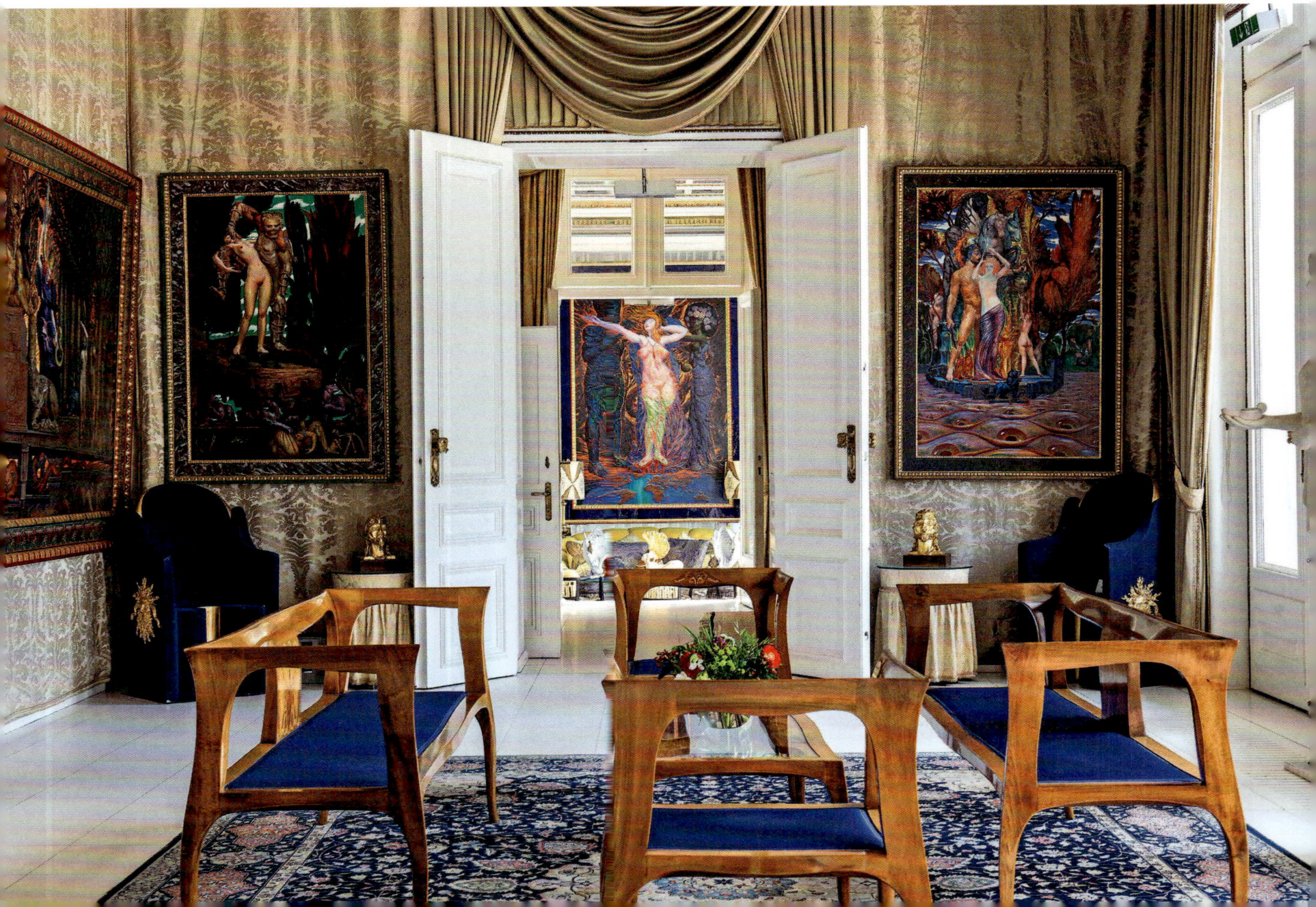

Die auffällige Villa, die sich mit ihrer antiken Säulenhalle, dem Weiß und Gold und Blau und der fülligen Göttin Esther als zentraler Figur in der Hüttelbergstraße an einen Abhang des Wienerwalds schmiegt, verdankt ihre heutige Existenz Ernst Fuchs. Der Zeichner, Maler, Bildhauer und Architekt gilt als schillernder Hauptvertreter der Wiener Schule des Phantastischen Realismus. Die Villa blickt auf eine bewegte Vergangenheit zurück. 1886 hatte sie der Architekt Otto Wagner als Sommerresidenz für sich und seine Familie errichtet. Doch seine Liebe zu Hütteldorf wuchs, und Wagner bewohnte die Villa ganzjährig. Als seine Kinder erwachsen waren und auszogen, wurde das Haus zu groß, und Wagner verkaufte es an den Varieté-Unternehmer Ben Tiber, den Direktor des für seine »Nuditäten« bekannten Apollo-Theaters.

1938 nutzte Reichsstatthalter Baldur von Schirach die Villa als Büro für die Freizeitaktivitäten der Hitler-Jugend. Nach dem Krieg verkam sie zu einer verwunschenen Ruine. Ernst Fuchs war es, der sie 1972 für 14 Millionen Schilling erwarb. Er renovierte und adaptierte sie und richtete darin sein Atelier ein. 1988 schließlich erfüllte sich der Lebenstraum des Künstlers: Das Ernst Fuchs-Museum wurde eröffnet, seither steht die Villa Besuchern aus aller Welt offen.

Faszinierende Details

Wer die Villa heute vom Eingang an der rückwärtigen Seite aus betritt, fühlt sich wie in einen anderen Kosmos versetzt. Da ist zunächst die wunderbare Architektur – Ernst Fuchs behielt zwar die historische Hülle der Otto-Wagner-Villa, verlieh ihr aber eine helle, freundliche Atmosphäre, indem er die vielen ursprünglich dunkel gehaltenen Fenster und Türen weiß streichen ließ und Details vergoldete. Da vom Interieur nicht mehr viel erhalten war, gestaltete er Möbel, Türgriffe und Tapeten nach eigenen Entwürfen. Der Große Salon, einst Treffpunkt der Wiener Gesellschaft, behielt seine Rolle als wichtigster Repräsentationsraum. Der Blaue Salon, das Esszimmer, der Kleine Salon, das Musikzimmer und das Römische Bad, all das sind Räume, in denen sich schöne Petitessen entdecken lassen. Besonders faszinierend ist der lichtdurchflutete Adolf-Böhm-Saal mit seinen herrlichen Glasfenstern und den Stuckaturen von Joseph Olbrich. Zur ganz besonderen Atmosphäre der Villa tragen auch die zahlreichen Werke des Meisters bei, die hier im Original zu sehen sind: kostbare Miniatur-Malereien, große Bleistift-Zeichnungen und Monumental-Gemälde wie »Das Zeichen des Moses«.

INFO

DIE VILLA NEBENAN

Nachdem Otto Wagner seine Prachtvilla 1911 verkauft hatte, benötigte er für sich und seine Frau Louise ein neues Zuhause. Er baute auf dem Nebengrundstück eine zweite Villa und griff die streng geometrischen Formen des Secessionismus auf, einer Wiener Variante des Jugendstils. In Stahlbetonbauweise errichtet, wirkt die Villa mit ihren straßenseitig dicht angeordneten hohen Fenstern und ihren blauen Fassadenornamenten schlicht und modern. Ihren Zweck als Witwensitz verfehlte die Villa, Louise starb drei Jahre vor ihrem Mann.

WEITERE INFORMATIONEN

Die Wagner-Villa II ist nicht zugänglich.
ernstfuchsmuseum.at

← An den Wänden des Salons hängen zahlreiche Originalbilder von Ernst Fuchs: Phantastischer Realismus live.
↑ Wagner-Villa II: das blau-weiße Portal

41

KURIOSUM IM WIENERWALD

LAUDONS TÜRKENSTEINE

Malerisch an einer eigens errichteten Ziegelmauer gruppiert, warten im Wienerwald alte osmanische Steintafeln darauf, entdeckt zu werden. Sie erzählen von Kriegen und ruhmreichen Siegen von hellem Glanz – und seiner Vergänglichkeit.

»Fix Laudon!« Mit diesem an ihren Feldmarschall gerichteten Ausruf machte Maria Theresia ihrem Entsetzen über neue Kriegsgefahren oft Luft. Das wurde in Wien zum geflügelten Wort. Bis heute.

»Fix Laudon!«, können auch Wanderer ausrufen, die in Hadersdorf-Weidlingau etwas abseits der Mauerbachstraße durch den Wienerwald streifen. Sie treffen am Stadtwanderweg 8 völlig unerwartet auf ein Kuriosum: eine breite Mauer, in der Mitte ein finster blickender Kopf aus Stein, darunter eine große Tafel mit der *Tuğra*, dem Namenszug Sultan Mahmut I. Zu beiden Seiten reihen sich Steintafeln, einige mit arabischen Schriftzeichen, andere mit Pflanzenmotiven.

Wie um Himmels Willen sind diese Tafeln in den Wienerwald gekommen? Die Antwort führt weit zurück nach Belgrad, das 1521 von den Osmanen erobert worden war. 1717 nahm es Prinz Eugen, der edle Ritter, für das Haus Habsburg ein. Die Osmanen aber gaben nicht auf. Unter Sultan Mahmut I. brachten sie Belgrad 1739 wieder unter ihre Herrschaft. Der Sultan ließ sich feiern, unter anderem, indem er das »Stambultor« auf der Festung mit seiner *Tuğra* und einer Inschrift schmücken ließ:

»Der sieben Klima Herr, der Fürst zu Land und Meer,
Wie Dareios herrschend und siegreich wie Iskender,
Dess' Namenszug die Welt ins Paradies verkehrt«

Der Fürst zu Land und Meer musste es selbst nicht mehr erleben, aber nur 50 Jahre später ging Belgrad den Osmanen abermals verloren. Feldmarschall Gideon Ernst von Laudon rückte an und eroberte die Stadt zurück – diesmal für immer. Zur Erinnerung an seinen glorreichen Sieg nahm er die Türkensteine mit nach Wien.

Sentimentale Kriegsbeute

In Hadersdorf hatte sich Laudon um das Jahr 1777 ein Wasserschloss als Alterssitz gekauft, das er im Stil der damaligen Zeit mit frei wachsender, »wilder Natur« umgab. In diesem Park ließ er ein »türkisches Gartl« anlegen, eine kleine Wildnis, in der er die aus Belgrad mitgebrachten Spolien malerisch verteilen ließ. Sie sollten an seine Heldentaten in Belgrad erinnern und später einmal sein Grabmal umgeben.

Auf Wunsch seiner Witwe wurde aus Laudons Plan nichts. Sie ließ ihrem Mann ein Grabmal in Form eines Sarkophags errichten, den ein geharnischter Krieger betrauert.

INFO

SCHLOSS LAUDON
Das Schloss des berühmten Feldherrn, ein barockes Wasserschloss mit prachtvoller Inneneinrichtung, blieb nach dem Tod des Feldmarschalls bis 1925 im Besitz der Familie Laudon. Danach geriet es an einen Industriellen, wurde »arisiert« und später an die Erzdiözese verkauft, die das wertvolle Mobiliar versteigern ließ. Seit 1976 ist es an die Republik Österreich vermietet, die es für die Verwaltungsakademie des Bundes nutzt. Zurzeit werden neue Käufer gesucht. Öffentlich ist Schloss Laudon nicht zugänglich. Von der Einfahrt aus lässt sich aber ein Blick auf die Idylle werfen.

WEITERE INFORMATIONEN
wien.info

↖ Die Tuğra war lang auf dem Kopf stehend eingemauert, das fiel aber niemandem auf. Erst kürzlich wurde sie zurechtgerückt.
↑ Feldmarschall Laudons Wasserschloss

42

INTIMES IM MUVS

EIN MUSEUM, DAS TABUS BRICHT

Was tun, wenn der Fall der Fälle eintritt, die ungewollte Schwangerschaft? Wie funktioniert die Spirale, und was gibt es sonst noch für Möglichkeiten der Verhütung? Fragen wie diese beantwortet das Museum für Verhütung und Schwangerschaftsabbruch. Offen und ganz ohne falsche Scham.

Es ist nicht nur das erste, sondern auch das einzige Museum rund um den Erdball, das es wagt, Themen offen darzulegen, die zwar zu den grundlegenden der Menschheit zählen, aber schon immer tabuisiert wurden: die ungewollte Schwangerschaft, deren Abbruch und Methoden der Verhütung.

Begonnen hat alles mit einer alten Schuhschachtel. Darin sammelte der Gynäkologe und Gründer des Museums, Christian Fiala, die ersten Objekte des späteren Museums. Aus der Schuhschachtel ist inzwischen eine multimediale Sammlung von rund 2100 Objekten, 1000 Büchern und 600 Fachartikeln geworden.

Geschichte(n) echter Not

Von der Antike über das Mittelalter bis in die jüngste Vergangenheit galt es als ganz normal, dass eine Frau im Laufe ihres Daseins im Durchschnitt 15 Schwangerschaften und zehn Geburten erlebte. Die »Fruchtbarkeit« galt als gottgewolltes, nicht kontrollierbares Schicksal. Und doch gab es immer wieder Versuche, selbst über die Anzahl der gewünschten Kinder zu entscheiden. Mit abenteuerlichen Methoden anfangs, dann aber, im Zuge eines langen und mühsamen Lernprozesses mit Mitteln, die es heute ermöglichen, dass Sexualität selbstbestimmt gelebt werden kann.

Das 2007 eröffnete Museum für Verhütung und Schwangerschaftsabbruch gibt in drei Räumen Einblicke in die Methoden der Verhütung. In einem Streifzug durch die Geschichte wird gezeigt, welche Präparate für Mann und Frau zur Verfügung standen und stehen, vom Fischblasen-Kondom der Alten Ägypter und dem Diaphragma über das Luftkissenpessar »Sekura« bis zu Spirale und Pille. Ein wichtiges Thema ist auch die spannende Entwicklung des Schwangerschaftstests von indirekten Anzeichen wie Hahnenschrei bis zu modernen Tests. Ausstellungsobjekte von damals und heute und dramatische Fallgeschichten lassen die Zwänge und Nöte vieler Generationen vor der Erfindung wirksamer Verhütungsmethoden erahnen und informieren über den aktuellen Wissensstand.

Ein Raum ist der Geschichte und Weiterentwicklung des Schwangerschaftsabbruchs gewidmet. Vom medikamentösen Abbruch spannt sich der grausige Bogen bis zum chirurgischen und zu der berüchtigten Stricknadel. Das jagt Besuchern und vor allem Besucherinnen kalte Schauer über den Rücken und sorgt für Gänsehaut.

← Dramatische Fallgeschichten, Hygienemethoden, Literaturzitate, Parlamentsabstimmungen: Das Museum informiert ganz offen.
↓ Vollkommen stressfrei: das Café Weidinger

INFO

KULT-CAFÉ WEIDINGER
Von außen unauffällig, die Fassade düster, so präsentiert sich das Café Weidinger an der Ecke zum Lerchenfelder Gürtel. Dass sich die Zeit gewandelt hat, dass in der Nähe die grelle Lugner City und die hypermoderne Hauptbibliothek entstanden sind, das alles hat dieses Gebäude nicht berührt. Wer ins Weidinger geht, kennt weder Stress noch Hektik und macht es sich auf durchgesessenen Polstern gemütlich. Die Kellner sind charmant und pflegen diese wienerische Art von Langsamkeit, die anderswo längst ausgestorben ist; im Sommer sogar im schattigen Gastgarten.

WEITERE INFORMATIONEN
muvs.org

43

STERNSTUNDEN

HIMMLISCHE EIN- UND AUSBLICKE

Historisches Flair, wunderbare alte Instrumente und die Faszination der Wissenschaft: Die Kuffner-Sternwarte in Ottakring entführt in das Arbeitsumfeld von Astronomen vor hundert Jahren. Sie bietet Ausblicke in die unendlichen Weiten des Universums und Einblicke in die Welt der Sterne und Galaxien.

Am Anfang stand ein Mann, der davon träumte, die Sterne vom Himmel zu holen: Moriz Kuffner, Besitzer der Ottakringer Brauerei. Er beauftragte Architekt Franz von Neumann in den 1880er-Jahren damit, eine wissenschaftliche Sternwarte zu errichten und stattete sie mit Instrumenten von höchster Präzision aus. Kuffners Traum ging in Erfüllung: Die Sternwarte entwickelte sich zu einem anerkannten Institut, an dem namhafte Wissenschaftler arbeiteten. Schon wenige Jahre nach ihrer Eröffnung erlangte die dort geleistete Arbeit internationale Anerkennung. Immerhin wurden bis zum Jahr 1916 insgesamt 8468 Sterne vermessen und in Publikationen veröffentlicht. Wer die Sternwarte heute besucht und die engen Wendeltreppen in die Kuppeln hinaufsteigt, taucht in das Flair längst versunkener Zeiten ein, denn alles wirkt unverändert und intakt, wie gerade erst neu errichtet. Tatsächlich wurde bei der Restaurierung in den Jahren 1991 bis 1993 selbst auf kleinste Details und Ornamente Rücksicht genommen. Auch die Instrumente sind dank detailgetreuer Restaurierung im Originalzustand erhalten. So lässt sich anschaulich nachvollziehen, wie in der Astronomie vor mehr als 125 Jahren geforscht wurde.

Die besten Instrumente der Welt

Zu den vier Hauptinstrumenten zählt als Erster der Große Refraktor, er ist das Herzstück des Instrumentenparks unter der zentralen Kuppel des Hauptgebäudes und das drittgrößte Linsenfernrohr Österreichs. Der 1886 aufgestellte Meridiankreis war einst das größte Meridian-Passageinstrument der Österreichisch-Ungarischen Monarchie, zu ihm gehört der Vertikalkreis, ein Instrument, das nur wenige Observatorien Europas besitzen. Es dient dazu, jene Polhöhenschwankungen zu bestimmen, die die Verschiebungen der Rotationsachse der Erde in Bezug auf den Erdkörper widerspiegeln. Das aus dem Jahr 1894 stammende Heliometer schließlich ist überhaupt das genaueste, das auf der Welt jemals gebaut wurde.

Bei Schönwetter erlauben die Teleskope nachts den Blick hinauf in die geheimnisvollen Weiten des Himmels zu den Gasausbrüchen auf der Sonne, den Kratern des Mondes, den Planeten unseres Sonnensystems und in die Welt der Sterne und Galaxien. Für alle, die mehr über die Vorgänge am Himmel erfahren wollen, gibt es auch Veranstaltungen im offenen Sternwartegarten. Beim Garten-Sterngucken kann zum Beispiel beobachtet werden, was sich am Himmel über Wien so alles ereignet, wenn die Sonne untergegangen ist.

INFO

DIE JUBILÄUMSWARTE

Fantastische Ausblicke nicht nur in den Himmel, sondern auch auf die Erde, lassen sich auf der Jubiläumswarte genießen. Der am höchsten Punkt Ottakrings auf einer Seehöhe von 499 Metern errichtete Turm stammt aus dem Jahr 1955. Zuvor stand an gleicher Stelle seit 1898, dem 50-jährigen Regierungsjubiläum Kaiser Franz Josephs, eine hölzerne Aussichtswarte, die jedoch einem Sturm nicht standhielt. Ihr folgte ein Eisenturm. Die heutige Jubiläumswarte ist 31 Meter hoch. Wer die 183 Stufen zur Aussichtsplattform schafft, wird mit einem grandiosen Panoramablick belohnt.

WEITERE INFORMATIONEN

kuffner-sternwarte.at

← Die Kuffner-Sternwarte: von innen tolle Aussichten, von außen ein hübscher Anblick, vor allem nach Sonnenuntergang
↑ Die Jubiläumswarte: Panorama garantiert

44

BRUNNENMARKT

BUNT, BUNTER, AM BUNTESTEN

Der Naschmarkt an der Wienzeile ist zwar der größte, der Brunnenmarkt in Ottakring aber ist der bunteste, vielleicht sogar der beliebteste, auf jeden Fall aber der preisgünstigste der Wiener Straßenmärkte. Ein Ort der Vielfalt. Wie gemacht zum Einkaufen, Bummeln, Schauen und Genießen: der »Orient ums Eck«.

Der Brunnenmarkt ist Urlaub. Die Gerüche und Düfte aus 1001. Nacht, die Rufe der Marktschreier und das geradezu babylonische Sprachengewirr entführen in weite Fernen. Und das alles praktisch vor der Haustür. Die Entstehung des Brunnenmarkts lässt sich auf das Jahr 1786 datieren, als Kaiser Joseph II. im Vorort Neulerchenfeld einen Brunnen mit sauberem Trinkwasser errichten ließ. Dort entstand bald ein kleiner Markt. Er blieb auch noch bestehen, nachdem der Brunnen um 1870 der neuen Pferdeeisenbahn weichen musste.

Einen Aufschwung erlebte der Markt nach der Mitte des vorigen Jahrhunderts mit dem Zuzug der sogenannten Gastarbeiter aus der Türkei und den Ländern des Balkans. Bald erkannten Händler deren Bedarf an frischem Obst, Gemüse und Lebensmitteln aus der Heimat, und sie erwarben in der Brunnengasse Marktstände – einfache Holzgestelle, die abends abgebaut werden mussten, um die Straße für den Verkehr frei zu machen.

Angesagtes Multi-Kulti-Viertel

Heute ist das Viertel um den Brunnenmarkt das bunteste und vielfältigste der Stadt. Die boomende Multi-Kulti-Gegend verströmt mit ihren Cafés und Lokalen südländisch-orientalisches Flair, und das wissen Künstler, Intellektuelle und Bobos zu schätzen. Wohnungen in der Umgebung sind gefragt und erzielen horrende Preise. Die Lebensader des Viertels ist der knapp 950 Meter lange Brunnenmarkt mit rund 170 mittlerweile fixen Marktständen. Auf dieser generalsanierten Fußgängermeile gibt es einfach alles. Neben Bergen von saisonalem Obst und Gemüse – das hier übrigens nicht per Stück, sondern kiloweise verkauft wird, animieren Ausrufer zum Kauf von Spezialitäten wie Artischocken oder Granatäpfeln, aber auch von Leggings im Tigerlook oder glitzernden Pantöffelchen.

Neben den Marktständen und Buden bieten fixe Geschäfte Lebensmittel aus aller Herren Länder an, Halal-Fleisch und Kutteln, türkische Baklava, Textilien und Haushaltswaren. Und das alles in einer Umgebung, in der es aus unzähligen Restaurants und Imbissläden nach Kebap vom Grill, Fladenbrot aus dem Holzofen und arabischem Kaffee duftet. Längst eine Institution für Wiener aus Samsun, Erzurum oder Ottakring stellt das »Kent« dar. Ziemlich neu hingegen ist die arabische Ecke, das Klein-Damaskus. Jetzt mal ehrlich: Wer muss da noch in ein Flugzeug steigen, um zu verreisen!

← Von frischem Obst und Gemüse über syrische Linsensuppe und duftende Fladen: Am Brunnenmarkt gibt es einfach alles.
↓ Die schicke Terrasse des WIRR

INFO

VERLÄNGERTER GENUSS

Aus gemauerten Pavillons besteht der an den Brunnenmarkt anschließende Yppenmarkt. Samstags, beim Bauernmarkt, machen heimische Produzenten aus dem Wein- und Waldviertel den türkischen Händlern Konkurrenz. Mit Erdäpfeln, Kürbissen, Eiern frisch vom Biohof, Haus-Geselchtem und Wein. Rund um den Platz hat sich eine hippe Lokalszene entwickelt, die Hotspots sind das Café Frida, das An-do mit seiner begrünten Glashaus-Terrasse oder das WIRR. Italienische Kost bieten das Dolce Lago und das La Salvia.

WEITERE INFORMATIONEN

falstaff.at
wien.info

45

IT'S MAGIC

SCHNEE-ZAUBER IN DER KUGEL

Sie sind rund, handlich, mit höchst unterschiedlichem Inhalt, und wenn sie auf den Kopf gestellt werden, rieselt der Schnee. Lang und anhaltend, bis die weißen Flocken gemächlich und sanft zu Boden sinken. Schneekugeln aus Wien wecken längst vergessene Kindheitserinnerungen – und sie eignen sich ideal als Mitbringsel.

Die Sonne strahlt warm an diesem schönen Herbsttag. In der Schumanngasse 87 in Hernals hat es aber schon geschneit: Über den Fenstern im ersten Stock des alten Vorstadthauses reihen sich kleine, runde Schneemänner in ihren Kugeln aneinander. Und über dem Eingang weist die altertümliche Tafel »Original Wiener Schneekugelmanufaktur« romantisch verschneit auf einen Ort voll Zauber und Geheimnis.

Darüber, wie die Schneekugeln wirklich funktionieren, wird Stillschweigen gewahrt, und das seit über hundert Jahren. Nur so viel sei preisgegeben: Sie verdanken ihre Entstehung der Experimentierfreude eines Mechanikers, der eigentlich chirurgische Instrumente entwickelte. Erwin Perzy I., ein leidenschaftlicher Tüftler, bemühte sich Ende des 19. Jahrhunderts, die Beleuchtung in den Operationssälen von Wiener Spitälern zu verbessern. Er experimentierte mit einer so genannten Schusterkugel, einer mit Wasser gefüllten Glaskugel, die in Zeiten, als es noch kein elektrisches Licht gab, dazu verwendet wurde, diffuse Lichtquellen wie von Öl- oder Gaslampen einer Sammellinse gleich auf den Arbeitsbereich zu fokussieren.

Grieß war der erste Schnee

Bei seinen Experimenten fügte Perzy dem Wasser in der Kugel verschiedene Stoffe hinzu, Grieß unter anderem. Dabei beobachtete er, dass die winzigen Kügelchen nur langsam nach unten schwebten – und schon rieselte der Schnee. Das brachte ihn auf die Idee, eine Schneekugel herzustellen. Das erste patentierte Modell einer »Glaskugel mit Schneeeffekt« war eine mit der Basilika von Mariazell im Inneren. Mariazell war der Anfang, es folgten weitere Motive, und so konnte Perzy um das Jahr 1900 einen eigenen Betrieb gründen. Die Schneekugeln erfreuten sich rasch bei Jung und Alt so großer Beliebtheit, dass ihr Erfinder sogar von Kaiser Franz Joseph geehrt wurde. Heute führen die Perzys die Manufaktur in dritter und vierter Generation. Jede Schneekugel wird in Handarbeit hergestellt. Die Glasballons stammen aus Belgien, die Sockel aus Deutschland und das Wasser aus Österreich. Woher der Schnee kommt? Das ist das große Geheimnis!

Pro Jahr verlassen rund 200 000 Stück der bezaubernden Winterlandschaften mit mittlerweile hunderten Motiven die Schumanngasse. Wer in die wunderbare Welt der Schneekugeln eintauchen will, hat dazu im 2002 gegründeten Museum Gelegenheit. Ein Paradies für Sammler!

↙ Die entzückenden Schneekugeln sind in Japan ebenso gefragt wie in Amerika und den arabischen Ländern.
↓ Eislaufen mit herrlichem Blick über Wien

INFO

DIE KUNSTEISBAHN ENGELMANN

Vom Schnee zum Eis: Nicht weit von der Schneekugelmanufaktur liegt Engelmanns Kunsteisbahn. Eduard Engelmann, ein Tapetenfabrikant in Hernals, hatte 1868 in Wien den US-Eisläufer Jackson Haines gesehen, da packte ihn die Leidenschaft. Er errichtete einen Eislaufplatz, machte ihn 1873 öffentlich zugänglich, gewann den Europatitel im Eiskunstlauf und begründete die Wiener Eislaufdynastie. Sein Sohn eröffnete 1909 die erste Freiluft-Kunsteisbahn der Welt. Seit 1970 lockt die Kunsteisbahn Wintersport-Fans auf ein Hausdach in der Syringgasse.

WEITERE INFORMATIONEN

schneekugel.at
engelmann.co.at

46

SCHWARZENBERGPARK

DER VERGESSENE GARTEN

Der Schwarzenbergpark war einst der erste und größte Lust- und Landschaftsgarten Europas. Heute ist er eine riesige grüne Oase am nordwestlichen Rand der Stadt – mit einer berühmten Allee, weitläufigen Wiesenflächen, Teichen, Baumgruppen und einem im dichten Wald verborgenen Geheimnis.

Spazierengehen, wandern, Drachen steigen lassen oder picknicken: Der Schwarzenbergpark lockt das ganze Jahr über zahlreiche Wiener ins Grüne. Er ist ein riesiges Erholungsgebiet mit historischer Bedeutung.

Alles begann damit, dass der in St. Petersburg geborene Franz Moritz von Lacy, Feldmarschall Maria Theresias, enger Vertrauter von Kaiser Joseph II. und Hofkriegspräsident, 1765 das Schloss Neuwaldegg erwarb. Er nutzte es für glänzende Feste und Jagden. Nah am Zeitgeist verkleinerte er den Barockgarten rund um das Schloss und legte von dort über das Dornbachtal bis auf die Hügel des Wienerwalds einen riesigen Landschaftsgarten im englischen Stil an. Drei Jahrzehnte dauerte es, bis das Gesamtkunstwerk mit Tempeln, Statuen, Teichen und chinesischen Brücken vollendet war.

Ein Hügel namens Hameau

Einer der Höhepunkte in dem 80 Hektar großen Areal, in dem sich Wald- und Wiesenflächen mit Baumgruppen abwechseln, war das Holländerdörfl am sogenannten Hameau. Es bestand aus 17 schlichten Hütten für die Gäste Lacys, alle ebenerdig, bis auf eines: Das Haus des Parkherrn hatte eine Etage über dem Erdgeschoss.

Das Holländerdörfl hat ebenso wenig überlebt wie das einfache Gasthaus, das bis in die 1960er-Jahre die unzähligen Ausflügler bewirtete, die an schönen Tagen zum Hameau pilgerten. Lacy verstarb 1801 kinderlos, nach seinem Tod erwarb die Fürstenfamilie Schwarzenberg das Schloss und den Park und lieh beiden ihren Namen. 1958 kaufte die Stadt Wien den Park und öffnete ihn als Naherholungsgebiet. Die Entscheidung erwies sich als goldrichtig, das bis an den Wienerwald heranreichende Areal mit seinen weiten Wiesen, idyllisch in die Landschaft verstreuten Baumgruppen und verschlungenen Wegen erfreut sich großer Beliebtheit.

Aus dem Park sind die meisten Bauten Lacys verschwunden, markant sind aber noch die gut zwei Kilometer lange Schwarzenberg-Allee, die beiden Obelisken mit den angeblichen Spuren von Maria Theresias Schaukel und der Paraplui-Teich, der nach dem Regendach benannt ist, mit dem er einst überspannt war. Viele Teile des Parks hat sich der Wald zurückerobert. Nahe der Höhenstraße überwuchert er auch das im dichten Grün verborgene Grabmal Lacys – einen sehr berührenden Ort.

INFO

DAS KLEE AM HANSLTEICH

Wienerwald-Wanderer, Radfahrer und Kleingärtner waren das Publikum, das leger gekleidet in der Gaststätte am ursprünglich zur Eisgewinnung angelegten Hanslteich einkehrten. Man saß auf einer wackeligen Holzterrasse und konnte bei Würstl mit Saft oder Schnitzel aufs Wasser schauen. Das Lokal hat sich dank seiner neuen Besitzerin Monika Wlaschek, der Enkelin des milliardenschweren Billa-Gründers, gehörig gemausert. Mit seiner asiatisch angehauchten Terrasse, dem Lounge-Bereich und der feinen Speisekarte wurde es zu einem idyllischen Hotspot für gestresste Städter.

WEITERE INFORMATIONEN

klee.wien

↖ Die beiden Obelisken haben schon Maria Theresia gefallen. Sie ließ sich daran sogar eine Schaukel anbringen.
↑ Eleganter Hotspot: das Klee am Hanslteich

47

GEYMÜLLERSCHLÖSSEL

WO DAS BIEDERMEIER WOHNT

Von außen ein kleines, feines Schlösschen und innen ein wahres Schatzhaus: Das Geymüllerschlössel in Pötzleinsdorf beherbergt eine Vielfalt an erlesenen Möbeln aus dem Empire und Biedermeier und dazu noch eine Sammlung wertvoller Alt-Wiener Uhren. Alles echt und alles original.

Eine hübsche Biedermeier-Kommode als Aufputz für eine moderne Wohnung, das beweist auch heute noch Geschmack und Stil. Wie aber sehen Räume aus, die bis ins letzte Detail in diesem Stil eingerichtet sind? Wer das Geymüllerschlössel in Pötzleinsdorf besucht, findet eine Antwort auf diese Frage. Er taucht in die wunderbare Atmosphäre einer längst versunkenen Zeit ein. Einer Epoche übrigens, die ganz anders war als ihr Ruf, denn von »biederer« Bescheidenheit lässt sich nichts bemerken!

Dass sämtliche Räume so authentisch wirken, liegt nicht nur an den eleganten Möbeln, den extravaganten Sitzgarnituren, Kristalllüstern, Kachelöfen und Bildern, sondern auch an der generellen Renovierung. Die Ausmalung der Innenräume und ihre textile Ausstattung erfolgte mit größter Behutsamkeit. Das macht das Schlössel, einen Außenposten des MAK, des Museums für angewandte Kunst, das Objekte aus eigenen Sammlungen beitrug, zu dem einzigartigen Ort, der Einblick in die Vielfalt biedermeierlicher Ausstattungskunst gewährt.

Eine wechselvolle Geschichte

Ebenso spannend wie das Schlössel selbst ist seine Geschichte. Errichtet wurde es 1808 von Johann Jakob Geymüller, einem Mitglied der Schweizer Familie von Unternehmern und Bankiers, die in Wien zu enormem Reichtum gelangt war. Lang allerdings dauerten seine guten Zeiten nicht an. Um 1840 erbte Johann Heinrich von Geymüller der Jüngere das Vermögen und verprasste es innerhalb kürzester Zeit. Steckbrieflich gesucht, musste er als Bettler in die Schweiz zurückkehren – er soll übrigens das Vorbild für Ferdinand Raimunds »Der Verschwender – Original-Zaubermärchen in drei Aufzügen« gewesen sein.

Dem Schlössel erging es nicht viel besser. Es gelangte in den Besitz des Industriellen Isidor Mautner, der ebenfalls Pleite machte. Seine Erben verloren nach dem Anschluss 1938 als Juden alle Rechte und mussten flüchten. Die Nazis planten sogar den Abriss. Nach dem Ende des Zweiten Weltkriegs ging das Eigentumsrecht auf die Republik Österreich über.

Die Renovierung und die 160 Objekte umfassende Uhrensammlung verdankt das Schlössel Franz Sobek, dem Generaldirektor der Österreichischen Staatsdruckerei. Heute nutzt es das MAK als musealen Ort mit Bezügen zur Gegenwart. Es zeigt neben den Möbeln und Uhren Installationen zeitgenössischer Künstler und Designer.

← Im Geymüllerschlössel ist alles authentisch: die Möbel, die Lüster, die Tapeten, die Textilien und die Gemälde.
↓ Hoch romantisch: der Pötzleinsdorfer Schlosspark

INFO

DAS SINGENDE QUARTETT
Im Pötzleinsdorfer Schlosspark, den Johann Heinrich Geymüller ab 1797 um sein Schloss anlegen ließ, verteilen sich ein Lusthaus, eine Badegrotte und ein Tempelchen. Besonders reizend ist das »Singende Quartett«, vier Figuren, die als »Alte Frau«, »Junger Mann«, »Junge Frau« und »Alter Mann« Sopran, Alt, Tenor und Bass symbolisieren. Die romantischen Figurinen haben eine tragische Geschichte: Sie stammen von Pilastern des Wiener Ringtheaters und haben wie durch ein Wunder den schrecklichen Brand des Theaters am 8. Dezember 1881 überlebt.

WEITERE INFORMATIONEN
mak.at
stadtbekannt.at

48

SISI-ROMANTIK

KLEINOD MIT VERGANGENHEIT

Geradezu märchenhaft zart und lieblich liegt die kleine Sisi-Kapelle »Am Himmel« im Sieveringer Wienerwald versteckt. Erst vor wenigen Jahren aus ihrem tiefen Dornröschenschlaf wachgeküsst und innen zu einem hoch modernen Erlebnisraum umgestaltet, birgt sie doch dunkle Geheimnisse.

Entzückend, lieblich, hoch romantisch: Wer den kurzen Fußweg vom Lebensbaumkreis »Am Himmel« zur Sisi-Kapelle geht, ist auf Anhieb begeistert. Das kleine weiße Gotteshaus mit seiner Freitreppe und den spitz aufragenden Türmchen wirkt wie Romantik pur. Seine Geschichte aber ist eher schaurig-schön. Sie beginnt mit Johann Carl Freiherr von Sothen. Er betrieb in Wien Am Hof eine Trafik und Lottokollektur. In der Nähe lebte ein armer böhmischer Vogelhändler namens Hüttler (auch Hittler), Spezialist für Brieftauben. Eines Tages fiel auf die Nummern 10, 6 und 81 ein Gewinn von 20 000 Gulden. Sothen fand heraus, dass der Vogelhändler auf diese Nummern gesetzt hatte. Er begab sich in dessen Wohnung, fand den glücklichen Gewinner aber sterbend vor und steckte den Gewinn selbst ein.

Bald drückte Sothen das Gewissen. Er versorgte Berta und Eduard, die beiden Kinder des armen Mannes, in Brünn. Dann aber zwang er Berta, die sich auch auf Brieftauben verstand, dazu, an Tagen, an denen in Prag Lotto-Ziehungen stattfanden, die Ergebnisse per Brieftaube nach Wien zu schicken. Die Flugzeit betrug nur 20 Minuten, und so konnte er auf die bereits gezogenen Nummern setzen. Innerhalb kurzer Zeit machte Sothen ein enormes Vermögen. Er wurde Inhaber eines Großkaufhauses und Bankier, kaufte Ländereien und das Schloss Cobenzl. In der Öffentlichkeit zeigte sich Sothen als großzügiger Wohltäter. Er wurde mit Orden überhäuft und in den Adelsstand erhoben. Zum Dank dafür ließ er zu Ehren der Vermählung Kaiser Franz Josephs mit Sisi die Kapelle errichten.

Ein geiziger Leuteschinder

Das Geld, das Sothen für Wohltätigkeiten ausgab, holte er sich jedoch von den armen Leuten wieder, die für ihn arbeiteten. Als geizige Leuteschinder beuteten er und seine Frau ihre Arbeiter rücksichtslos aus. Bis zum 10. Juni 1881. Da erschoss ihn Eduard, der Sohn des einst um seinen Lottogewinn gebrachten Vogelhändlers, der als Jagdgehilfe bei ihm diente. Seine letzte Ruhe fand der Lotto-Baron in der Gruft der Sisi-Kapelle. Seine Frau, die ihm an Bosheit und Gemeinheit in nichts nachstand, folgte 1903.

Die Kapelle wurde im Zweiten Weltkrieg schwer beschädigt und verfiel. Um die Jahrtausendwende wurde sie für 1,1 Millionen Euro renoviert. Der Innenraum präsentiert sich als Erlebnisraum. Ein neues Glasdach macht die Verbindung von Natur und Kultur spürbar.

INFO

DER LEBENSBAUMKREIS

Haben Sie sich schon einmal mit einem Baum unterhalten? Nein? Beim Lebensbaumkreis »Am Himmel« besteht die Gelegenheit dazu. Dort sind in zwei konzentrischen Kreisen 40 Bäume mit Tonsäulen ausgestattet. Mittels Bewegungsmelder beginnen die Bäume zu sprechen, sobald man vor sie tritt. Anhand seines Geburtstags findet jeder Besucher seinen eigenen Lebensbaum. Zur Stärkung nach dem Rundgang empfiehlt sich das rundum verglaste und mit einer großen Terrasse ausgestattete Café-Restaurant Oktogon mit seinem prachtvollen Panoramablick über die Stadt.

WEITERE INFORMATIONEN

himmel.at

← Die Sisi-Kapelle hat sich trotz ihrer schaurigen Vergangenheit zu einer beliebten Hochzeitslocation entwickelt.
↑ Im Lebensbaumkreis sprechen die Bäume.

49

SETAGAYAPARK

BAMBUSTOR ZUR EWIGEN JUGEND

Das Paradies liegt in Wien viel näher, als so mancher denkt. In Döbling ist der Weg dorthin sogar genau gekennzeichnet, durch einen keilförmigen Stein mit der japanischen Aufschrift Furomon, »Paradies«. Und von diesem Stein aus sind es nur noch ein paar Schritte durch ein Bambustor ...

Der Stein *Furomon* hält, was er verspricht. Wer den Setagayapark durch das Bambustor im Tokusabari-Stil betritt, das dem Tor einer Palastanlage in Kyoto nachempfunden ist, fühlt sich wie in eine andere Welt versetzt. Er findet sich an einem Ort fern von Hektik und Alltag wieder, in dem es nichts gibt als entspannte, mystische Schönheit, Ruhe und fernöstliche Symbolik.

Entstanden ist die idyllische Oase neben dem Seniorenheim auf der Hohen Warte aufgrund des Freundschafts- und Kulturabkommens des Wiener Bezirks Döbling mit dem Stadtteil Setagaya in Tokyo. Der Landschaftsgärtner Ken Nakajima entwarf den rund 4000 Quadratmeter großen Park 1992. In den folgenden Jahren entwickelte er sich zu einem kleinen Stück Japan an der Donau, zu einer idealisierten japanischen Landschaft, wie geschaffen zum Träumen und Denken. Und dazu, die Gedanken für einen Augenblick fliegen zu lassen, weit weg, in geheimnisvolle, mystische Welten.

Der Pfad ins Paradies

Vom Eingang an symbolisiert ein ansteigender Pfad den Lebensweg, auf dem jede der kleinen, gewölbten Brücken den Wandernden dem Paradies, dargestellt durch die Himmelslaube, ein Stück näherbringt. So schreiten Besucher gemächlich die Wege bergan, die sich sanft durch saftig grüne Grasflächen schlängeln. Gesäumt sind sie von dicht bepflanzten, für japanische Gärten typischen Gartenelementen.

Hier gedeihen Kirschbäume, Bambus, Zwergahorn, Magnolien, Schwertlinien und Farne und dazu heimische, kunstvoll zurechtgestutzte Bäume und Sträucher. Von einer Quelle am oberen Ende des Parks fließt ein Bächlein, das sich in mehreren Kaskaden in den Seerosenteich ergießt, wo sich Schildkröten, Goldfische und Enten tummeln.

Über den ganzen Park verteilt sind zahlreiche Steinskulpturen zu entdecken, darunter ein Steinstupa, eine Steinlaterne, eine Pagode und ein Quellstein. Für gelegentliche Teezeremonien steht ein aus Holz gebautes Teehaus bereit, das, klassischer geht es nicht, auf den Seerosenteich blickt.

Der Setagayapark ist in der Zeit vom 1. April bis 31. Oktober geöffnet. Im Winter bleibt er geschlossen. Das macht aber nichts, denn seine schönste Zeit ist ohnehin der Frühling, wenn die Kirschbäume blühen, und der Herbst, wenn sich Bäume und Kletterpflanzen in voller Farbenpracht zeigen.

INFO

DIE ZACHERLFABRIK

In der Nusswaldgasse sorgt die einer persischen Moschee zum Verwechseln ähnliche Zacherlfabrik für Überraschung. Eine Moschee in Döbling? Nein, aber eine Fabrik, in der ein Pulver gegen Mottenfraß hergestellt wurde. Und das kam so: Johann Zacherl war Mitte des 19. Jahrhunderts im Kaukasus auf Pyrethrumblüten gestoßen, die dort zum Schutz gegen Ungeziefer verwendet wurden. Er importierte die Blüten aus Tiflis und verkaufte sie weltweit als »Zacherlin«. So erfolgreich, dass zu seiner Erzeugung bald eine große Fabrik nötig war.

WEITER INFORMATIONEN

wien.gv.at
zacherlfabrik.at

↖ Der Setagayapark: ein Ort der Ruhe und Beschaulichkeit – und ein wunderschöner Park voll fernöstlicher Symbolik
↑ Die Orient-Fabrik als Werbung für »Zacherlin«

50

PRICKELNDES ERLEBNIS

DIE GEHEIMEN KELLERWELTEN

Er stand auf der Getränkekarte der Königin von England und wurde nach der Unterzeichnung des Österreichischen Staatsvertrags gereicht: golden schimmernder Sekt der Marke Schlumberger. Dorthin, wo das edle Getränk zu Hause ist, entführt der Besuch der Döblinger Kellerwelten.

Es ist mehr als ein Keller, genau genommen ein Labyrinth. Oder eine Kellerwelt, über zweieinhalb Kilometer lang und vor gut 300 Jahren tief in den Hügel hineingebaut. Lange bevor der Sekt in diese Gewölbe einzog, nutzten sie Winzer zur Lagerung ihres Weins, um ihn von dort aus auf der nahen Donau verschiffen zu können. Zu dem weit verzweigten Labyrinth baute sie schließlich um die Mitte des 19. Jahrhunderts Carl Ritter von Ghega aus, kein Geringerer als der geniale Schöpfer der Semmeringbahn, heute Weltkulturerbe.

Das Tor zu dieser magischen Unterwelt öffnet sich auch Besuchern. Sie erfahren in den Gewölben, in denen Millionen Flaschen den goldenen Schatz hüten, die nun schon über 180 Jahre dauernde Erfolgsgeschichte des Traditionshauses. An ihrem Anfang stand der 1814 in Stuttgart geborene Robert Schlumberger. Er erlernte die Herstellung von feinstem Sekt in der ältesten Champagner-Kellerei Frankreichs in Reims. Als ihn die Liebe nach Wien führte, importierte er sein Wissen an die Donau und gründete dort 1842 eine eigene Sektkellerei.

Robert Schlumberger unternahm zahlreiche Versuche mit österreichischen Weinen. Schließlich gelangte er zu der Überzeugung, dass sie für die Herstellung moussierender Weine, die jenen in der Champagne erzeugten ebenbürtig waren, geeignet seien. Er brachte erstmals die *Méthode Traditionnelle* der Champagner-Produktion nach Österreich.

Beim Rundgang durch die geheimnisvollen Kellergewölbe erfahren Besucher die lange und aufwändige Entwicklung der Traube vom Rebstock bis zum prickelnden Mousseux im Glas. Staunend dürfen sie den Vorgang des Rüttelns auf hölzernen Pulten beobachten – das darauf geschulte Personal »rüttelt« pro Tag bis zu 45 000 Flaschen – und schließlich erfahren sie alles über Degorgieren, Dosage und den Kellereipunkt.

Zum Schluss wird geköpft

Die Führung endet nicht, wie vielleicht vermutet, mit einem Knalleffekt, sondern mit einer höchst ungewöhnlichen Art der Flaschenöffnung, dem Sabrieren. Angeblich von Napoleons Kavallerieoffizieren erfunden, erfolgt sie per speziellem Säbel, die Flasche wird mit einem gezielten Hieb geköpft – und schon sprudelt der Schaumwein. Splitter sind bei dieser Methode zwar selten, die Nachahmung wird aber trotzdem nicht empfohlen.

← Das Spannendste kommt am Ende der Führung: Die Sektflasche wird mit einem gezielten Säbelhieb geköpft.
↓ Romantik pur: das Alt-Wiener Salettl in der Hartäckerstraße

INFO

DAS SALETTL
In der Hartäckerstraße mit reizendem Blick auf den Wienerwald gelegen, bezaubert das Salettl die Döblinger Szene und Nostalgiker. Das alte Mobiliar, die Auswahl an täglich neu aufliegenden Zeitschriften und Zeitungen, die traditionelle Speisekarte und das gemütliche Flair, das alles macht es zu einem beliebten Rückzugs- und Zufluchtsort. Im Winter bietet das Salettl wohlig warme Atmosphäre, sobald die Tage wieder länger werden, lassen sich die ersten Sonnenstrahlen im großen Gastgarten genießen, und in der Sommerhitze kühlt der Schatten hoher Bäume.

WEITERE INFORMATIONEN
schlumberger.at/de/kellerwelten
wien-doebling.at

51

LEOPOLDSBERG

»WIENSCHAUEN« VON GANZ OBEN

Er ist steil, er hat einen Buckel, und er ist in mehrfacher Hinsicht atemberaubend: Der Nasenweg auf den Leopoldsberg ist nichts für Stubenhocker. Wer aber fit genug ist für einen rund halbstündigen Anstieg, der wird reich belohnt – mit dem wahrscheinlich schönsten Panoramablick über Wien.

Der Leopoldsberg ist genau genommen kein Berg, sondern mit seinen 425 Metern Höhe eigentlich ein Hügel. Anzusehen ist ihm das nicht. Wer auf dem kleinen Parkplatz im Kahlenbergerdörfl steht und hochschaut, könnte ihn – beinahe – mit der Eiger-Nordwand verwechseln, so steil scheint er. Aber keine Angst, er ist um vieles leichter zu bezwingen als die Schweizer Legende.

Die außergewöhnliche Schönheit dieses Wegs haben schon die Bergfexe des Österreichischen Touristenklubs erkannt. Sie sorgten 1877 für den Ausbau des alten Pfads zu einem »Promenadeweg«. Diese Route wurde später immer wieder neu trassiert und ausgebaut. Heute ist der durchgängig asphaltierte Nasenweg 1,5 Kilometer lang, er überwindet 250 Höhenmeter, hat neun Treppen mit 310 Stufen und fünf Aussichtsplattformen.

Schon der Anfang der kleinen, aber feinen Wanderung ist hoch romantisch. Vom gebührenpflichtigen Parkplatz im Kahlenbergerdörfl aus geht es zunächst auf Stufen und dann auf dem teilweise mit Eisengeländern gesicherten Weg gemächlich an Weingärten vorbei bergan. Bei der zweiten Kehre lädt die Leopold-Ruh zu einer ersten Rast.

Fantastisch: die Aussicht

Auf dem weiteren Weg ergeben sich immer wieder tolle Ausblicke auf die Stadt und die Donau, fast ist es so, dass sich der Weitblick mit jedem Schritt ein wenig vergrößert. Knapp oberhalb der Mitte des Nasenwegs heißt es, das Handy zu zücken und zu fotografieren: Jetzt ist die großzügig angelegte Aussichtskanzel erreicht, von der aus sich ein fantastischer Blick hinunter auf die Stadt ergibt.

Zugegeben, das letzte Drittel zieht sich. Zum Teil, weil es relativ lang einfach geradeaus und bergauf geht, aber auch hier gibt es immer Möglichkeiten, Verschnaufpausen einzulegen. Oben am Leopoldsberg angekommen, sind die Mühen dann schnell vergessen. Zu überwältigend ist der Ausblick hinunter auf Wien und von der – leider nicht geöffneten – Burg aus auf Klosterneuburg und das Donautal.

Den ungewöhnlichen Namen verdankt der Weg der »Nase« am Leopoldsberg dem Steilhang, der mit einer Neigung von bis zu 100 Prozent zur Donau abfällt. Den mühelosen Zugang zum Leopoldsberg ermöglichte 1873, zur Weltausstellung, eine Drahtseilbahn, sie überlebte aber nur zwei Jahre. Jetzt führt die Höhenstraße hinauf.

INFO

DAS KAHLENBERGERDÖRFL

Verträumt und romantisch, so lässt sich der geradezu versteckt zwischen Leopoldsberg und Nussberg gelegene Weinort am rechten Ufer der Donau beschreiben. Im Ort gibt es alles: enge Gässchen, jede Menge Heurige, Backhendl, eine sehenswerte Kirche mit Kreuzrippengewölbe und Barockhaube, einen Friedhof mitten in den Weingärten und einen Hafen – aber keinen Kahlenberg, der ist weiter weg.

WEITERE INFORMATION

Am Leopoldsberg verdient das an der Höhenstraße gelegene Denkmal für die ukrainischen Kosaken einen Besuch. Es wurde im April 2013 zum Dank für die Hilfe der Kosaken bei der Befreiung von den Türken 1683 enthüllt.

← Mit jedem Schritt eröffnet sich auf dem Nasenweg ein weiterer Panoramablick auf die Stadt, die Donau und die Donauinsel.
↑ Das Denkmal für die ukrainischen Kosaken

JENSEITS DER DONAU

Weinberge, tolle Ausblicke, jede Menge Graureiher und wildes Wasser

Der Blick vom Donauturm: im Vordergrund der Donaupark, dahinter die Hochhaustürme der Donauplatte mit Austria Center und UNO-City

52

WEINGENUSS

DAS GESCHMACKSZENTRUM

Stammersdorf, das ist ein Wort, das Weinliebhabern auf der Zunge zergeht wie ein Tropfen Grüner Veltliner. Der Ort am Hang des Bisambergs gehört zwar schon seit 1938 zu Wien, ist aber trotzdem ein Dorf geblieben. Ein echtes, liebenswertes Weindorf noch dazu.

Zugegeben, es ist ein weiter Weg nach Stammersdorf. Besonders für alle, die aus den inneren Bezirken Wiens kommen; schließlich gilt es, die Donau zu überwinden. Und wer glaubt, dem Ziel am Floridsdorfer Spitz schon nah zu sein, der irrt sich gewaltig. Dann kommt erst noch die Brünner Straße, und die ist endlos lang und stark frequentiert. Wer aber tapfer durchhält, wird belohnt. Mit idyllischen Gässchen, windschiefen Häusern, Weinbergen und einem Heurigen neben dem anderen – kurz, mit einem der reizendsten Weinorte überhaupt.

Das Dorf in der Stadt

Stammersdorf teilt sich neben Neu-Stammersdorf genau genommen in zwei Teile, den Ober- und den Unterort. Zwischen den beiden erstreckt sich entlang der Hauptstraße der Dorfanger. Er wird von gepflegten niedrigen Winzerhäusern mit großem Einfahrtstor gesäumt, die wirken, als hätten sie sich seit hundert Jahren nicht verändert. Das macht Stammersdorf zu einem Dorf in der Stadt.

An vielen der Winzerhäuser weisen ein an einer Stange befestigter »Buschen« und ein Licht darauf hin, dass »ausg'steckt is« – was wiederum bedeutet, dass hier heuriger Wein ausgeschenkt wird. Dass es dazu auch eine feste Unterlage in Form von typischen Heurigenspeisen wie Blunz'n (Blutwurst), Schweinsbraten, Erdäpfelsalat, Fleischlaberln (Frikadellen), Grammeln (Speck), G'selchtes (Kasseler), Stelze (Eisbein) und diverse Salate gibt, versteht sich von selbst. Auch versteckt in den Seitengassen finden sich zahlreiche Buschenschänken. Kleine, liebenswerte Lokale, in denen die Zeit stehen geblieben zu sein scheint. Dort genießen die wahren »Weinbeißer« ihr Glück bei Ruhe und einem guten Glaserl Wein, das im traditionellen Henkelglas serviert wird. Alles fernab von Jubel, Trubel, Heiterkeit, Touristenbussen und noblem Ambiente.

Süffige Weine

Vom Ortszentrum aus führen zahlreiche Hohlwege bergan Richtung Bisamberg. Hier liegen die dunklen und kühlen Weinkeller der Winzer, viele davon uralt. Einer dieser Hohlwege ist die Stammersdorfer Kellergasse, die nicht zu Unrecht als die schönste von Wien gilt und in der sich ein Heuriger an den anderen reiht. Oft sind es kleine, idyllische Häuser, in denen steile Holzstiegen hinaufführen auf eine von grünem Blätterwerk überdachte Laube. Dort stehen einfache Holztische und Bänke, und es gibt reizende Ausblicke auf die Weingärten und, im Idealfall, auch hinunter auf die

→ So lässt sich die Herbstsonne am besten genießen: in aller Ruhe auf einer kleinen Bank im Weingarten, mit Blick hinunter auf die Stadt.

Stadt. Ausgeschenkt werden Eigenbauweine. Sie gelten als leicht, also alkoholarm, fruchtig und spritzig, süffig eben.

Am oberen Ende der Kellergasse liegt ein großer Parkplatz. Von ihm aus führen gepflasterte Wege entlang der langen Reihen der Rebstöcke durch die Weingärten bergab. Auch hier ergeben sich immer wieder prachtvolle Ausblicke auf die Stadt, und im Herbst liegen reife Nüsse zwischen den Steinen. Oft weht von der Donau ein feines Lüfterl herauf, und es duftet nach Laub und Gras.

Mit der Ruhe ist es allerdings zweimal im Jahr vorbei, denn zu zwei Veranstaltungen strömen unzählige Gäste und Freunde dieser unverfälschten Weinkultur nach Stammersdorf. Das ist im Frühjahr beim »Mailüfterl« und im Herbst bei den »Stürmischen Tagen«. Zu dieser Zeit herrscht fröhliches Gedränge in der Kellergasse und zwischen den Weingärten. Da wird der neue Wein nach Herzenslust verkostet und im Herbst natürlich auch Sturm und Most, der noch unvergorene Traubensaft. Gerade in diesen Tagen zeigt sich: Der Heurige ist einer der liebsten Aufenthaltsorte des Wieners.

Refugien der Gemütlichkeit

Der heurige Wein, der oft besungen wurde und in dem Hans Moser so gerne eine Reblaus gewesen wäre, war ein einfacher Wein. Er ließ die Wiener besonders in den Jahren des Wiederaufbaus in Weinseligkeit schwelgen. Ältere Heurigenwirte denken an diese Zeit mit Wehmut zurück, denn sie bescherte ihnen gewaltige Umsätze. Allerdings: Damals stand Quantität eindeutig vor Qualität. Das hat sich inzwischen geändert. Nach dem Weinskandal von 1985 mussten sich sämtliche Weinbauregionen Österreichs neu orientieren. Das hat den Siegeszug des Wiener Weins eingeläutet. Auch in Stammersdorf, in dem immerhin rund ein Drittel des Wiener Weins gekeltert wird. Die natürliche Folge: Mittlerweile werden auch in Stammersdorf Spitzenweine produziert.

In vielen Bezirken Wiens reicht die Palette der Heurigen von schrillen Nobel-Heurigen, in denen auch die Prominenz verkehrt, über kommerzialisierte »Pseudo-Heurige« mit großen Buffets, hohen Preisen und Massenabfertigung bis zu kleinen, urigen Refugien der Gemütlichkeit. Letztere sind in den vergangenen Jahren rar geworden. In Stammersdorf gibt es sie erfreulicherweise noch. Ein Winzer erklärt die Gründe dafür: »Was uns von anderen Heurigenorten unterscheidet, ist das familiäre Ambiente. In vielen Betrieben hilft die ganze Familie. Hier kennt auch jeder jeden, und die Winzer und ihre Gäste sind miteinander per du. Das macht unsere ganz besondere Atmosphäre aus!« Alles gute Gründe, um den weiten Weg in Kauf zu nehmen und ein Glas unter Freunden zu heben!

↗ Zwischen den Stammersdorfer Weinbergen führen gepflasterte Hohlwege hügelaufwärts.
↖ Die »Schiefe Hütte« in der Kellergasse: gemütlich, traditionell und erst nach ein paar Vierteln »schief«
← Der mit geschnitzten Holztafeln geschmückte Eingang zu einem Heurigen in der Kellergasse

INFO

FREIE AUSWAHL
In Stammersdorf gibt es so viele Heurige und Buschenschänke, dass die Wahl schwerfällt. Hier eine kleine Auslese:

Ausblick Wien, Untere Jungenberggasse 144: Das mitten in den Weinbergen mit herrlichem Blick über Wien gelegene Weingut Dr. Höfler kredenzt prämierte Qualitätsweine, dazu werden kalte Schmankerl gereicht.

Weingut Walter Wien, Untere Jungenberggasse 7: In dem Buschenschank eines gebürtigen Tirolers mitten in den Weinbergen gibt es zum Wein Spezialitäten aus Tirol: Gamswürstl, Hirschschinken, dazu Kunst und Musik.

Winzerhof Leopold, Stammersdorfer Straße 18: In dem freundlichen Garten schmecken hausgemachte Speisen und Qualitätsweine.

Weingut bzw. Heuriger Wieninger in der Stammersdorfer Straße 31 und 78: »Der Wieninger« steht für qualitativ hochwertige Weine. Auch der Heurige wurde vielfach ausgezeichnet.

WEITERE INFORMATIONEN
stammersdorf.at

Das Weingut Weinhandwerk an der Senderstraße bietet Weine aus dem Bio-Weingarten und kreative Wildkräuterküche.

53

FLORIDSDORF

PARADIES DER WASSERVÖGEL

Ein Park, der zu einem Drittel aus Wasser besteht? Ja, das gibt es. Der Floridsdorfer Wasserpark, genau genommen das nördliche Ende der Alten Donau, ist so ein Park. Was ihn derart reizvoll macht, sind die vielen Wasservögel, die sich längst an die Besucher gewöhnt haben. Das gilt sogar für die Graureiher.

Zwei große, miteinander verbundene Teiche, Kanäle, über die japanisch anmutende Brücken führen, mit Gneissteinen eingefasste und abends durch romantische Laternen beleuchtete Spazierwege und mittendrin eine große Insel: Der Floridsdorfer Wasserpark wirkt wie eine grüne Oase im geschäftigen Treiben des umliegenden Bezirks. Dass rund ein Drittel des 15 Hektar großen Areals von Wasser bedeckt ist, wissen zahlreiche Wasservögel zu schätzen. Sie fühlen sich im Wasserpark pudelwohl. Solche, die für immer bleiben ebenso wie Vögel, die nur kommen, um hier ihr Winterquartier zu beziehen.

Als im Zuge der Donauregulierung ab 1870 der ursprüngliche Arm der Donau vom Strom abgetrennt und zur Alten Donau wurde, hatte deren nördlicher Zipfel weniger Glück als der Rest. Der Teil des ehemaligen Auwalds, der jenseits des heutigen Nordbahndamms liegt, verödete im Laufe der Jahre durch wilde Ablagerungen, er versumpfte mehr und mehr zu einem unattraktiven Gebiet. In den 1920er-Jahren wurde eine Sanierung unumgänglich. Sie geriet zu einem der größten Projekte des Wiener Stadtgartenamts.

Zu einer Zeit, in der das »Rote Wien« zur Bekämpfung der Wohnungsnot seine architektonisch spannenden, riesigen Wohnhausanlagen errichtete, war es auch ein wichtiges Ziel, kommunale Grünflächen zu schaffen. Ganz in diesem Sinn plante Stadtgartendirektor Friedrich Kratochwjle die Neugestaltung des Wasserparks. Er ließ an zahlreichen Stellen tiefe Gräben ausheben und nutzte das Aushubmaterial nicht nur zur Sanierung der Befestigung, sondern auch zur Anhebung der Parkteile. So entstanden die beiden Teiche und die große Insel. Über die Gräben, die wie Kanäle wirken sollten, wurden steile, zierliche Brücken gespannt.

Ein Paradies für Wasservögel

So ganz abgeschnitten vom Wasser der Donau ist der Wasserpark Floridsdorf trotz allem nicht. Durch den Hubertusdamm sickert immer wieder warmes Donauwasser in das Parkgewässer ein und bewirkt, dass es im Winter nicht vollständig zufriert. Das wiederum macht es höchst attraktiv für alle Arten von Wasservögeln, die hier das ganze Jahr über ein reiches Nahrungsangebot finden. Die Stars der gefiederten Schar sind die Graureiher. Sie haben auf der Insel direkt neben der Floridsdorfer Brücke eine große Kolonie gebildet – weltweit eine der wenigen vermutlich, zu der man mit der Straßenbahn fahren kann.

INFO

HERAUSRAGENDES WAHRZEICHEN

Vienna on top: Der 252 Meter hohe Donauturm garantiert den besten 360°-Blick über Wien und eine bis zu 80 km reichende Fernsicht. Dazu genügt es, in einen der beiden Blitzlifte zu steigen und in 35 Sekunden hochzusausen. Errichtet 1962 bis 1964, überholte der Donauturm den Stephansdom als höchstes Bauwerk Österreichs. Frisch saniert präsentiert er sich zurzeit in neuem Glanz – und im alten Stil. Das sich um die eigene Achse drehende Turmrestaurant und das Turmcafé in 170 Metern Höhe wurden im Look der 1970er-Jahre verjüngt und technisch auf den neuesten Stand gebracht.

WEITERE INFORMATIONEN

donauturm.at

← Der Wasserpark ist ein Refugium der Graureiher. Von der Floridsdorfer Brücke aus sind sie gut zu beobachten.
↑ Der Donauturm garantiert freie Sicht.

54

KARL-SEITZ-HOF

EIN PALAST, FÜRS VOLK ERBAUT

Rund 380 Gemeindebauten wurden in der Zwischenkriegszeit in Wien errichtet – riesige »Volkswohnpaläste«, um für die arbeitende Bevölkerung menschenwürdige Wohnverhältnisse zu schaffen. Bei den abfällig als »Arbeiterfestungen« oder »Trutzburgen« bezeichneten Bauten ging es aber um weit mehr als nur ums Wohnen.

Nach dem Ersten Weltkrieg lebten hunderttausende Wiener in tristen Wohnverhältnissen. Fast drei Viertel aller Wohnungen waren überbelegte Kleinstwohnungen ohne WC und Wasseranschluss, die fast die Hälfte eines Arbeitereinkommens verschlangen und oft nur durch das Vermieten an so genannte Bettgeher finanziert werden konnten. Grund genug für die sozialdemokratische Wiener Stadtregierung, ein Programm zur Linderung der Wohnungsnot aufzulegen. Finanziert durch die neu eingeführte Wohnbausteuer entstanden zwischen 1919 und 1933 mehr als 65 000 Wohnungen. Für heutige Begriffe waren sie mit 30 bis 50 Quadratmetern relativ klein, viele jedoch mit Balkon oder Loggia ausgestattet, und in der Küche gab es fließendes Kaltwasser.

Eine Stadt in der Stadt

Die entscheidende Verbesserung lag in der umfassenden Infrastruktur und in der Geschlossenheit der Anlagen. Ziel war es, mit dem Gebäudekomplex ein eigenständiges Element der Stadt und eine Gemeinschaft zu schaffen. »Wir wollen unsere Jugend nicht zu Individualisten, zu Einzelgängern erziehen, sie sollen in Geselligkeit aufwachsen«, verkündete der sozialdemokratische Bürgermeister Karl Seitz 1924 im Gemeinderat.

Genau in diesem Sinne wurde 1925 auch die »Gartenstadt Jedlesee« geplant. 1951 benannte man sie nach Karl Seitz um, an ihn erinnert eine von Gustinus Ambrosi geschaffene Büste auf dem Vorplatz. »Ein Wohnbauprojekt, das in solcher Großzügigkeit noch in keiner Stadt der Welt in Angriff genommen wurde«, schrieb die Presse noch vor Baubeginn mit kaum verhehlter Begeisterung, »ein Komplex von Wohnbauten, in welchem 1800 Wohnungen nebst zahlreichen Geschäftsläden, Bädern, Kinderhorten usw. Raum finden … eine Stadt in der Stadt, ausgestaltet mit allen Errungenschaften der neuzeitlichen Technik.«

Der Karl-Seitz-Hof beeindruckt bis heute. Seine gestaffelt aufgebauten Türme, die halbkreisförmige, zurückspringende Mittelfront mit den Eingängen in die Höfe, die zahlreichen Grünflächen, das alles wirkt zugleich großzügig und monumental – und es verrät den starken Repräsentationswillen des »Roten Wiens«. Während des Februaraufstands 1934 gehörte dieser Gemeindebau zu den Widerstandszentren des Republikanischen Schutzbunds. Er fiel nach heftigem Beschuss durch einen Panzerzug des Bundesheers an die Regierungstruppen.

← Für die 1325 Wohnungen gab es in der Anlage Wäschereien, Bäder, Kindergärten, eine Bibliothek und 23 Geschäfte.
↓ Der Karl-Marx-Hof, der berühmteste Gemeindebau des »Roten Wiens«

INFO

WAHRER WOHNGIGANT
Der Karl-Marx-Hof in Döbling ist bis heute eine Ikone des »Roten Wiens«. Erbaut nach Plänen von Karl Ehn, gilt er als längster zusammenhängender Wohnbau der Welt. Markant sind die als Provokation gewählte rote Farbe der Fassade und die vier halbkreisförmigen Durchlässe in die beiden Innenhöfe mit Balkonen und Fahnentürmen darüber. Im 150 000 Quadratmeter großen Komplex sind nur 23 Prozent verbaut, der Rest sind Grünanlagen und Spielplätze. Autonomie verlieh dem »Superblock« die eigene Infrastruktur.

WEITERE INFORMATIONEN
wienerwohnen.at
dasrotewien.at

55

DIE ALTE DONAU

RIVIERA VOR DEN TOREN WIENS

Wien ist keine Stadt für Stubenhocker, denn so viel Outdoor-Spaß in unmittelbarer Nähe und Freizeit-Vergnügen unter freiem Himmel, das gibt es weltweit kaum in einer anderen Großstadt. Eines der größten und beliebtesten Naherholungsgebiete ist die Alte Donau. Das ganze Jahr über und bei jedem Wetter.

Im Tretboot über die Wellen gleiten, zur Abkühlung ins kühle Nass springen oder mit einem Glas Prosecco den Sonnenuntergang genießen, in Wien ist das alles vom Zentrum aus innerhalb von nur zehn Minuten zu erreichen. So lange fährt die U-Bahn vom Stephansdom zur Wiener Riviera, der Alten Donau.

Entstanden ist die Alte Donau vor rund 150 Jahren. Damals bewirkte die Flussregulierung, dass im Nordosten der Stadt ein mit dem Strom nicht mehre verbundener Arm zu einem See wurde. Der entwickelte sich schon um 1900 zu einem Freizeitparadies, bevorzugt von Freigeistern und den in engen Mietskasernen eingepferchten Wienerinnen und Wienern, die Frischluft brauchten.

Heute ist die Alte Donau eine Freizeit-Oase, die jedes Jahr rund eine Million Besucher anzieht. Dass sie sich in den letzten Jahren stark verändert hat, ist unübersehbar. Um das Vienna International Center entsteht ein supermoderner Stadtteil, in dem Büro- und Wohntürme nur so aus dem Boden schießen, während die urigen, alten Gastwirtschaften mondänen Restaurants weichen müssen. Dort, wo es noch vor wenigen Jahren an der unteren Alten Donau viele freie Zugänge zum Wasser gegeben hat, erstrecken sich nun lange Zäune mit Sichtschutz, und wo immer es einen freien Bauplatz gibt, entstehen Betonklötze mit Luxuswohnungen – wer immer das auch genehmigt.

Jede Menge Strandbäder

Trotz allem: Die Alte Donau hat viel zu bieten. Da warten rund 500 Ruder-, Tret- und Elektroboote darauf, eine Runde zu drehen, und das Wasser ist bei Seglern ebenso beliebt wie bei Stand-up-Paddlern und Surfern. An der unteren Alten Donau reihen sich zahlreiche Ruderclubs aneinander. In Sichtweite liegt das Gänsehäufl, das riesige Strandbad mit unzähligen »Kabanen«, in denen Dauermieter den ganzen Sommer verbringen.

Auch an der oberen Alten Donau versprechen große Strandbäder wie der frei zugängliche ArbeiterInnenstrand mit seinen Liegewiesen, das Angelibad mit dem 500 Meter langen Strand oder das unter Denkmalschutz stehende Bundesbad Alte Donau Sommer, Sonne und Badespaß. Bootsvermietungen ermöglichen Ausflüge aufs Wasser, und 40 Gastronomiebetriebe, viele davon direkt am Wasser gelegen, sorgen für Genuss – einige seit geraumer Zeit schon das ganze Jahr über.

INFO

DAS BOOTSHAUS

Über 100 Jahre war das Gasthaus Neu Brasilien eine Art zweite Heimat für die Bewohner der umliegenden Kleingartensiedlung, für Sonnenanbeter und Ruderer. Jetzt ist an seiner Stelle »Das Bootshaus« entstanden, um vieles mondäner und ganzjährig geöffnet.

TIPP

Die wohl originellste Art, die Alte Donau zu befahren, bietet die Meine-Insel-Bootsvermietung. Dort kann man zwischen Wasserfahrzeugen wie »Meine Insel«, »Sofa Boot« oder »Unicorn-Boat« wählen.

WEITERE INFORMATIONEN

dasbootshaus.at
meine-insel.at

↖ Urlaubsfeeling in Stadtnähe bescheren Bootstouren auf der Alten Donau.
↑ Wirkt wie ein Schiff auf dem Trockenen: das weißgestrichene Bootshaus

56

HIRSCHSTETTEN

HEIMAT DER WIENER BLUMEN

Wien gilt als eine der »grünsten« Großstädte der Welt. Das hat mit ihren grünen Randbezirken zu tun, aber auch mit den vielen Parks und Grünanlagen. Wo aber kommt der Blumenschmuck der Stadt her? Die Blumengärten Hirschstetten geben die Antwort – und entführen botanisch rund um den Globus.

Ein Naturjuwel und ein wahres Gartenparadies, so werden die Blumengärten Hirschstetten genannt. Und wirklich: Wer den weiten Weg in den Randbezirk jenseits der Donau auf sich nimmt, kommt aus dem Staunen nicht heraus. In dem über 70 000 Quadratmeter großen bunt-gärtnerischen Florarium mit riesigen Glashäusern, Themengärten und einem kleinen Zoo lässt sich die Flora und Fauna aller Kontinente erkunden. Auf inspirierende und anregende Art.

Botanische Weltreise

Aber bleiben wir zuerst in Wien. In Hirschstetten werden sämtliche Blumen, die der Stadt zu allen Jahreszeiten Farbe und frisches Grün schenken, herangezogen. Von der Zwiebel bis zu der Größe, in der die Blumenkinder ausgesetzt werden können, in Blumenbeeten am Straßenrand ebenso wie in den wogenden Rabatten der Parks und Städtischen Gärten. Wie viele das tatsächlich sind, ist kaum zu glauben: Jedes Jahr werden 300 000 Stück bunte Frühjahrsblüher, 800 000 Stück Sommerblumen und rund eine Million Blumenzwiebeln für Tulpen und Narzissen kultiviert.

Was Besucher der Blumengärten am meisten fasziniert, sind die länderbezogenen Gärten und die modernen Themengärten. Sie reichen von den Exoten im Palmenhaus über den Bauernhof zum Urzeitgarten, von den Koniferen über den Englischen Garten zum Irrgarten oder vom Seerosenteich zum pannonischen Trockenrasen. Jeder Einzelne eine blühende, grünende Welt für sich; mit ganz besonderen Pflanzen, Farben und Düften.

Kinder können sich auf dem Insekten- und Blumenspielplatz austoben. Und natürlich gibt es auch einen kleinen Zoo mit 50 heimischen und exotischen Tierarten. Die Europäische Sumpfschildkröte ist ebenso vertreten wie der Habichtskauz, das Walachenschaf oder die Pfauenziege. Die Blumengärten zählen in Wien zu den beliebtesten Locations für Hochzeiten außerhalb des Standesamts. Inmitten der prachtvollen Blumen- und Pflanzenwelt können sich Paare das Ja-Wort im Hochzeitsgarten, im Indischen oder im Mexikanischen Garten geben.

Ab Mitte Dezember bis Weihnachten wird es in den Blumengärten Hirschstetten besonders romantisch. Da ziehen die Weihnachtsausstellung und zwei Adventmärkte jedes Jahr zahlreiche Besucher an. Später im Winter ist dann nur das Palmenhaus geöffnet.

INFO

RAST IM GARTENCAFÉ

Müde vom langen Spaziergang durch alle Kontinente? Im Gartencafé & Schutzhaus Am Seerosenteich winkt Stärkung: Zwischen dem Garten der Provence und dem Seerosenteich gelegen, verspricht das kleine, einfache Lokal mit großer Terrasse kulinarische Genüsse. Ob Kaffee und Kuchen, Imbiss, Tagesteller, Hühnerschnitzel mit Kartoffelsalat oder Gemüselaibchen: Auf der Terrasse unter einem der großen Sonnenschirme oder im Schatten der hohen Platanen schmeckt es garantiert. Und eine kräftige Brise Lavendelduft von nebenan gibt es garantiert als Dreingabe.

WEITERE INFORMATIONEN

wien.gov.at/blumengaerten-hirschstetten

← Ein Traum von Flowerpower: die wogenden, bunten Blumenfelder rund um den romantischen Pavillon
↑ Eines der idyllischen Plätzchen im Areal

57

RAFTING UND CO.

WELLEN, GISCHT UND ACTION

Spaß, Sport und Abenteuer, dafür steht die Donauinsel seit Langem. Dass sie sogar die modernste Wassersportanlage Europas besitzt, ist ein zusätzliches Highlight. Die »Vienna Watersports Arena« bietet Wildwasserfans, Profis ebenso wie Einsteigern, gischtige Wellen, Tore und Hindernisse.

Rafting und Kajakfahren auf der Donauinsel? Das kann doch nur ein Scherz sein! Um richtiges, Wildwasser erleben zu können, muss man doch ins Gebirge fahren. An die Enns zum Beispiel oder an die Salza! Ja, das ist schon richtig, aber es stimmt nur zum Teil. So schräg das auch klingen mag: Wer Abenteuer im wilden Wasser sucht, braucht in Wien nur auf die Donauinsel zu fahren, und zwar dorthin, wo andere Leute sonst über ruhige Gewässer mit dem Tretboot gondeln.

So wird stilles Wasser wild

In unmittelbarer Nähe der Steinspornbrücke zwischen der Neuen Donau und dem Donaufluss, genau genommen im 22. Gemeindebezirk der Stadt, liegt die »Vienna Watersports Arena«, eine technisch so perfekt ausgestattete Anlage, dass sie als die modernste des Kontinents gilt. Schon allein die Art, wie das ruhige Wasser zu wildem wird, ist beeindruckend. Drei Pumpen fördern bis zu zwölf Kubikmeter Wasser pro Sekunde über die insgesamt 250 Meter lange Wildwasserstrecke.

Dafür, dass das Wasser auch richtig in Wallung kommt, sorgen variable Hindernisse, die in unterschiedlichen Höhen und Abständen in den Flussverlauf eingebaut wurden. So entsteht das konstante Wildwasser in unterschiedlichen Schwierigkeitsgraden, wie es für Kajaks, Rafts, Tubes und Wildwasserschwimmer nötig ist. Vom Ziel- zum Startbecken gelangen die Wildwassersportler auf dem Förderband.

Aufgrund ihrer technisch perfekten Ausstattung wird der Wiener Wildwasserpark sogar von Profis genutzt, er ist der Olympiastützpunkt des österreichischen Nationalteams und eignet sich auch für internationale Wettkämpfe. Darüber hinaus steht die Anlage allen offen, die einen Adrenalin-Kick im Wildwasser suchen, großen und kleinen Wasserratten ab zwölf Jahren. Bestimmte Voraussetzungen müssen sie nicht erfüllen, nur schwimmen muss jeder können. Und dann kann es schon losgehen, zu Spaß und Action auf der gemeinsamen Welle.

Außer der Möglichkeit, sich vom Wildwasser mitreißen zu lassen, bietet die Wassersportarena passionierten Wasserratten jeden Alters noch eine Reihe anderer Vergnügungen. So können über die Kayak Academy nach Voranmeldung auch Kajak- und Paddelkurse gebucht werden. Auch das eine Methode, sich selbst zu fordern und die eigenen Grenzen auszuloten.

INFO

WILDNIS VOR DER HAUSTÜR

Der ganz in der Nähe gelegene ehemalige Donau-Altarm nahe der Steinspornbrücke heißt zwar »Toter Grund«, er ist aber höchst lebendig. Dieses aus dem ehemaligen Überschwemmungsbereich entstandene Gebiet bietet seltenen Tieren, Bäumen und Pflanzen Zuflucht. Es wurde bewusst als Auwald-Relikt erhalten und ist seit 1986 Naturdenkmal nach dem Wiener Naturschutzgesetz. Wer sich abseits des Trampelpfads einen Weg durch das dschungelartige Geflecht aus Pappeln und Weiden bahnt, hat gute Chancen, Enten, Gänse und Störche zu sichten – oder sogar den einen oder anderen Biber.

WEITERE INFORMATIONEN

viennawatersportsarena.at

↖ Wer Lust auf einen ordentlichen Adrenalin-Kick im Wildwasser hat, ist in der Vienna Watersports Arena goldrichtig.
↑ Eine richtige Wildnis: der Tote Grund

REGISTER

BILDNACHWEIS

Alle Bilder im Innenteil stammen von Oliver Bolch außer:

Look: 10 r. (Saga photo); 115 (look images / ClickAlps)

Shutterstock: 11l. (LFH Graphics); 11o. (Alchena); 11M. (NataLima); 11u. (New Africa); 23 (Nak Anna); 101 (Balakate).

Weitere: 28 (Museum der Illusionen Wien); 67 (Johannes Zinner); 73 (International Color Consortium); 117 (Katharina Wenninger); S. 138 (MAK/Mika K. Wisskirchen)

IMPRESSUM

Verantwortlich: Carola Holzer
Lektorat: Britta Mentzel
Layout: Tanja Clauss, Octaviz Studios
Korrektorat: Christine Miller
Repro: LUDWIG:media
Herstellung: Bettina Schippel
Printed in Slovakia by Neografia

★★★★★

Sind Sie mit diesem Titel zufrieden? Dann würden wir uns über Ihre Weiterempfehlung freuen.
Erzählen Sie es im Freundeskreis, berichten Sie Ihrem Buchhändler, oder bewerten Sie bei Onlinekauf. Und wenn Sie Kritik, Korrekturen, Aktualisierungen haben, freuen wir uns über Ihre Nachricht an Bruckmann Verlag, Postfach 40 02 09, D-80702 München oder per E-Mail an lektorat@verlagshaus.de.

Unser komplettes Programm finden Sie unter

www.bruckmann.de

Umschlagnachweis: Vorderseite: Heeresgeschichtliches Museum Wien (mauritius images / Volker Preusser)
Rückseite, oben (v.l.n.r.): Die Friedenspagode in der Nähe des Freudenauer Hafens; Die Nächte zu Tagen machen geht am stilvollsten im Tanzcáfe Jenseits; Einmal nach Wien und rund um die Welt – im botanischen Garten ist das möglich; Auf den Spuren von Genies, allerdings nicht zu Fuß

Die Deutsche Nationalbibliothek verzeichnet diese Publikation in der Deutschen Nationalbibliografie; detaillierte bibliografische Daten sind im Internet über http://dnb.d-nb.de abrufbar.

Infanteriestraße 11 a, 80797 München

ISBN: 978-3-7343-2424-6

Herbstliche Weinhänge in Stammersdorf: Auf diesem fruchtbaren Boden gedeiht eine Vielfalt von Sorten, sowohl Rot- als auch Weißweinreben.